EINLEITUNG

PFLANZEN WIRKEN WUNDER

Wir Menschen sind natürliche Wesen, die Natur ist unsere ursprüngliche Heimat, und unser Leben hängt unmittelbar von ihr ab. Zwar haben wir uns in den vergangenen Jahrhunderten – und besonders in den letzten Jahrzehnten – immer weiter von ihr entfernt, aber unser Band mit der Natur ist unzertrennlich. Wenn unsere Seele leidet, dann ist das, so glaube ich, auch ein Ausdruck der Entfremdung zwischen uns und der Natur und damit von unserem natürlichen Selbst.

So ist es kein Wunder, dass viele Menschen mit Angststörungen und Depressionen Teil der Pflanzenliebhaber-Community sind. Meine Geschichte ist kein Einzelfall. Pflanzen haben die Kraft, uns aus unserem Kopf hinaus und zurück ins Hier und Jetzt zu holen, sie spenden Ruhe und Energie, Freude und Hoffnung. Als Zimmerpflanzen geben sie uns Menschen eine Aufgabe und Bestätigung, und noch viel mehr machen sie unser Zuhause zu einem Ort der Geborgenheit und des Lebens, an dem wir uns wohlfühlen können.

Die vielfältigen positiven Einflüsse sind sowohl mental als auch körperlich spürbar und sogar durch Studien belegt worden. Wie gesund Zimmerpflanzen für uns sind, möchte ich euch im Folgenden zeigen.

FÜR DIE MENTALE GESUNDHEIT

PFLANZEN HELFEN BEI PSYCHISCHEN ERKRANKUNGEN, STRESS UND SCHLECHTER LAUNE

➤➤ Dass meine Pflanzen mir durch die Depression geholfen haben, ist wie gesagt kein Wunder. Pflanzen haben eine heilende Wirkung auf unsere Seele, sie geben uns Ruhe und Energie.

Im Rahmen verschiedener Forschungsstudien wurden Blutdruck, Puls und das Level des Stresshormons Kortisol von Probanden unter mentalem Stress oder während einer schwierigen Aufgabe gemessen. Es stellte sich heraus, dass diese Menschen ruhiger blieben, wenn sie von Pflanzen umgeben waren.

Manche Therapeuten nutzen Gartenarbeiten (und dazu zählt auch die Pflege unserer Zimmerpflanzen) bei der Behandlung von Patienten mit Depressionen, Angststörungen, Schizophrenie und anderen psychischen Krankheiten. Die Idee dahinter ist, dass die Pflege von Pflanzen Glücks- und Erfolgsgefühle in uns Menschen hervorrufen und damit Ängste, Depressionen und Traumata lindern kann.

Pflanzen sind sinnstiftend – sie geben uns eine Aufgabe und bringen Leidende wie mich, die oft sehr mit ihren Gedanken verschmolzen sind, zurück ins Leben.

EINLEITUNG

PFLANZEN VERBESSERN UNSERE LEBENSQUALITÄT DURCH BINDUNGEN UND ERFOLGSGEFÜHLE

➤➤ Für eine Studie beobachteten Forscher Menschen, die in einer Einrichtung für betreutes Wohnen lebten, und fanden heraus, dass ihre wahrgenommene Lebensqualität anstieg, als sie lernten, Pflanzen ein- und umzutopfen und sie zu pflegen. Die Forscher machten die Erfolgsgefühle, die die Pflanzenpflege mit sich brachte, sowie die emotionale Bindung der Probanden zu ihren Pflanzen für diese Veränderung verantwortlich.

Natürlich haben Pflanzen nicht nur auf Menschen mit psychischen Krankheiten eine positive Wirkung, sondern auf uns alle. Das herrliche Gefühl, das eine gut wachsende Pflanze, ein neues Blatt oder eine Blüte auslösen können, ist unbeschreiblich. Wenn ich bei der täglichen Inspektion meiner grünen Lieblinge etwas Neues, Schönes entdecke, jubele ich jedes Mal laut. Pflanzen wertschätzen unsere Pflege und geben neues Wachstum als Geschenk zurück. Das Erfolgsgefühl, der Verantwortung für ein lebendes Wesen gewachsen zu sein, lässt meiner Erfahrung nach jeden Menschen auch in sich selbst wachsen; er gewinnt an Selbstvertrauen in seinem Innern, seinem Können und Handeln.

Wie ich sprachen auch einige Teilnehmer der Studie mit ihren grünen Lieblingen. Weil Pflanzen Lebewesen sind, können wir eine andere Bindung zu ihnen aufbauen als zu Dingen. Deshalb nenne ich sie auch gerne grüne Mitbewohner, gebe ihnen Namen, spreche täglich mit ihnen und bin traurig, wenn es einer Pflanze nicht gut geht. Gerade während der schlimmsten Phase meiner Depression fühlte ich mich dadurch weniger einsam – aber Depressionen hin oder her, Einsamkeit ist in unserer Gesellschaft heutzutage ein Massengefühl. Wir leben ein viel isolierteres, bindungsärmeres Leben als noch vor ein paar Jahrzehnten. Im Kontakt mit der Natur, unserer eigentlichen Heimat, die wir mit der Pflanzenwelt teilen, spüren wir, dass wir in Wirklichkeit nicht einsam, sondern unabdingbar mit der Welt verbunden sind. Wir leben in einer immerwährenden Symbiose mit den Pflanzen – sie geben uns Atemluft, wir geben ihnen Kohlenstoffdioxid zur Fotosynthese. Es ist eine Bindung fürs Leben. Umso weniger verwunderlich ist es, dass wir aufblühen, wenn wir Pflanzen wieder Platz in unserem Leben gewähren.

PFLANZEN MACHEN UNS PRODUKTIVER (AUCH AUF DER ARBEIT)

➦ Wir sind konzentrierter, kreativer, und unser Gedächtnis funktioniert besser, wenn wir von Pflanzen umgeben sind. Das spüre ich an mir selbst: Während ich diese Wörter schreibe, sitze ich an einem Schreibtisch vor einer Wand, an der mehrere Regale voller Pflanzen hängen. Auch auf dem Schreibtisch selbst stehen einige meiner Lieblinge. Mein in eine handfeste Depression gemündetes Burn-out hatte meine Leistungsfähigkeit stark eingeschränkt – noch immer habe ich nicht so viel Energie und Konzentrationskraft wie zuvor. Aber wenn ich an meinem

Mein Schreibtisch in Köln

Dschungelschreibtisch sitze, merke ich, dass mein Kopf besser funktioniert als erwartet. Wann immer ich beim Schreiben ins Stocken gerate, sehe ich mich um und blicke in eine lebendige, inspirierende Pflanzenlandschaft, die mich nicht ablenkt, sondern mir Ruhe zum Denken und Raum für Kreativität gibt. In einem kargen Büro würde mir das Schreiben sehr viel schwerer fallen.

Dass Pflanzen uns produktiver machen, ist aber nicht nur ein subjektives Gefühl, sondern tatsächlich durch Forschungen belegt. Eine Studie der britischen Universität Exeter stellte fest, dass die Produktivität der Angestellten um fünfzehn Prozent anstieg, nachdem Pflanzen in ein zuvor karges Büro eingezogen waren. In einer anderen Studie, die im Journal of Environmental Psychology veröffentlicht wurde, beobachteten die Forscher, dass Studenten, denen in einem Raum mit Pflanzen eine anspruchsvolle Aufgabe gestellt wurde, eine längere Aufmerksamkeitsspanne hatten als solche, die in einem Raum ohne Pflanzen saßen. Die Forscher führten beides auf die beruhigende und wohltuende Wirkung unserer grünen Lieblinge zurück. Ein Umfeld voller Pflanzen wirkt sich positiv auf unsere Leistung und Kreativität aus.

FÜR DIE KÖRPERLICHE GESUNDHEIT

⇢ Mit dem Einatmen transportieren wir Sauerstoff in den Körper, mit dem Ausatmen geben wir Kohlenstoffdioxid ab. Der überlebenswichtige Zyklus der Pflanzen läuft nahezu andersherum ab: Sie nehmen unter Lichteinwirkung Kohlenstoffdioxid auf und geben Sauerstoff wieder ab. Deshalb sind Zimmerpflanzen die perfekten Partner – zumindest, wenn es um unsere Atemluft

PFLANZEN PRODUZIEREN SAUERSTOFF

geht. Am meisten Sauerstoff produzieren Pflanzen, wenn sie viel Sonne und Wasser bekommen, denn dann können sie am effektivsten Fotosynthese betreiben, wie der physiologische Prozess genannt wird, bei dem Pflanzen unter Lichteinwirkung aus Wasser und Kohlenstoffdioxid Nahrung in Form von Glukose sowie Sauerstoff erzeugen.

Um einen Menschen mit Sauerstoff zu versorgen, müssten die Blätter unserer Zimmerpflanzen aneinandergelegt eine Fläche von mindestens vierhundert Quadratmetern belegen. Ein kleiner Baum hat eine Blattfläche, die etwa dem entspricht – mein *Indoor Jungle* mit über hundert, teilweise recht großen Pflanzen wird dem wahrscheinlich gerecht. Aber auch weniger Pflanzen erhöhen den Sauerstoffgehalt in der Raumluft – und das ist gut für unseren Körper, wir werden langsamer müde und bekommen seltener Kopfschmerzen.

Im Schlaf regeneriert sich der Körper und verarbeitet die Anstrengungen und Geschehnisse des Tages: Wir sammeln neue Energie, speichern Gedanken und Gelerntes ab, löschen Unwichtiges aus unseren Köpfen, entspannen die Muskeln, und unser Immunsystem erholt sich. Ein schlafendes Gehirn braucht genauso viel Sauerstoff wie ein waches, deshalb hat die Luftqualität im Schlafzimmer einen großen Einfluss darauf, ob wir im Schlaf unser volles Regenerationspotenzial nutzen können. Je mehr Kohlenstoffdioxid die Raumluft enthält, umso mehr atmen wir von dem Stoff, der eigentlich ein Abfallprodukt unseres Stoffwechsels ist, wieder ein. Das wirkt sich negativ auf die Leistung unseres Körpers aus. Weil die meisten Pflanzen den Prozess der Fotosynthese nachts umkehren, also Sauerstoff aufnehmen und Kohlenstoffdioxid abgeben, warnen einige davor, welche im Schlafzimmer zu haben. Sie argumentieren, dass unsere grünen Lieblinge in der Nacht die Luft zum Schlafen verschlechtern würden. Das ist allerdings viel

Lärm um nichts: Pflanzen nehmen im Vergleich zum Menschen so wenig Sauerstoff auf und geben so wenig Kohlenstoffdioxid ab, dass es wirklich sehr, sehr viele Exemplare auf kleinem Raum bräuchte, um die Luft merklich zu verschlechtern. Oder anders betrachtet: Über den Tag hinweg produzieren Pflanzen mehr Sauerstoff, als sie nachts benötigen, und nehmen mehr Kohlenstoffdioxid auf, als sie produzieren, und verbessern so die Luftqualität im Raum spürbar. Ich persönlich schwöre auf Pflanzen in meinem Schlafzimmer (besonders auf luftreinigende, dazu später mehr) und habe gemerkt, dass ich seltener mit Kopfschmerzen oder einem trockenen Hals aufwache, seitdem meine grünen Lieblinge um mein Bett herum stehen.

PFLANZEN FILTERN SCHADSTOFFE AUS DER LUFT

➻➤ Einige Pflanzen können nicht nur den Sauerstoffgehalt in der Luft erhöhen, sondern auch potenziell gefährliche Stoffe aus unserer Raumluft filtern. Eine Studie der NASA hat das herausgefunden. Demnach können luftreinigende Zimmerpflanzen innerhalb eines Tages bis zu siebenundachtzig Prozent der Schadstoffe aus der Innenraumluft entfernen.

Zu diesen Schadstoffen zählen auch sogenannte flüchtige organische Verbindungen, abgekürzt VOCs (Volatile Organic Compounds) genannt. Diese chemischen Verbindungen auf der Grundlage von Kohlenstoff haben die Besonderheit, dass sie bei Raumtemperatur gasförmig und damit in unserer Atemluft enthalten sind. Neben den VOCs in der Atmosphäre finden sich flüchtige organische Verbindungen auch in der Innenraumluft. Sie werden beispielsweise durch bestimmte Kunststoffe, Lacke, Möbel und Teppiche, Reinigungsmittel sowie durch Rauchen freigesetzt. Meistens sind die Konzentrationen einzelner VOCs in Innenräumen relativ gering, und gesundheitliche Beeinträchtigungen sind dann nicht zu befürchten. Bei einer höheren Belastung mit flüchtigen organischen Verbindungen in der Atemluft können wir jedoch dauerhaft erkranken. Am häufigsten davon betroffen sind Kinder, ältere und sensible Menschen. Symptome wie Kopfschmerzen, Allergien, Müdigkeit, Leistungsminderung, Schlafstörungen und Reizungen der Atemwege, die bei einer erhöhten VOC-Belastung auftreten können, werden unter dem Begriff »Sick-Building-Syndrom«, also »Krankes-Haus-Syndrom«, zusammengefasst. Das Krankheitsbild ist durch die WHO definiert.

Die Forscher der NASA empfehlen für unser Zuhause eine eingetopfte Pflanze pro hundert Quadratfuß, was etwa 9,3 Quadratmetern entspricht. Wie viele flüchtige organische Verbindungen eine Pflanze aufnehmen kann, ist allerdings von Art zu Art unterschiedlich und auch abhängig vom verwendeten Substrat. Blumenerde ist dafür besser geeignet als Hydrokultur.

Zu viele Gedanken müsst ihr euch aber um die jeweilige Luftreinigungskapazität nicht machen! Wer mindestens eine luftreinigende Pflanze pro empfohlener Fläche hat, der ist gut aufgestellt.

PFLANZEN LASSEN UNS SELTENER KRANK WERDEN

▶▶ Wer viele Pflanzen im Raum hat, wird früher oder später merken, dass sich das Grundlevel an Luftfeuchtigkeit (auch ohne Luftbefeuchter) erhöht hat. Das liegt vor allem daran, dass auch Pflanzen schwitzen – nur nennt man es nicht so. Als Transpiration bei Pflanzen bezeichnet man die Verdunstung von Wasser über Öffnungen in der Blattunterseite. Das Ausmaß der Wasserabgabe variiert bei den unterschiedlichen Pflanzenarten und ist beispielsweise von der Luftfeuchtigkeit, Lichtintensität, Temperatur oder Pflanzendichte abhängig.

Eine höhere Luftfeuchtigkeit – ob durch das Transpirieren der Pflanzen oder durch den Luftbefeuchter, den ihr euch für eure tropischen Zimmerpflanzen anschaffen solltet – wirkt sich positiv auf die Gesundheit aus. Gerade im Winter kann die eh schon recht trockene Luft im Innenbereich wegen der laufenden Heizungen schnell noch mehr austrocknen. In solch einem Raumklima kommen trockene Haut, ein kratzender Hals, trockener Husten und Erkältungen im Allgemeinen häufiger vor als in Räumen mit Pflanzen, die die Luftfeuchtigkeit höher halten. Auch die Überlebenschancen und Übertragung von Grippeviren werden dadurch gemindert.

Die optimale Raumluftfeuchte zu Hause liegt zwischen vierzig und sechzig Prozent – innerhalb dieser Spanne gibt es kaum Schimmelgefahr, ihr könnt sehr gut atmen, und die meisten Pflanzen fühlen sich wohl.

➽ Forscher der Kansas State University in den USA haben herausgefunden, dass kürzlich operierte Menschen schneller gesund werden, wenn sie Pflanzen in ihrem Krankenhauszimmer oder zumindest einen Blick ins Grüne haben.

PFLANZEN BESCHLEUNIGEN DIE PHYSISCHE HEILUNG

Patienten mit Pflanzenkontakt hatten eine höhere Schmerztoleranz und brauchten eine niedrigere Dosis an Schmerzmedikamenten, ihr Blutdruck und Puls waren niedriger, und sie litten unter weniger Angst und Müdigkeit als Patienten ohne Pflanzen in ihrem Zimmer. Die Forscher führten das auf unsere naturgemäße Bindung zu Pflanzen zurück. Ursprünglich lebten wir mit und in der Natur, sie ist unser natürlicher Lebensraum. In der Umgebung von Pflanzen fühlen wir uns, so schlossen die Forscher, beschützt und sicher – und daher gelingt uns die Heilung besser.

Daneben gibt es zahlreiche Pflanzen, die unmittelbarere Heilkräfte für unseren Körper haben: Der frische Pflanzensaft der Aloe Vera hat heilende Eigenschaften bei Verbrennungen und Sonnenbrand, bestimmte Kräuter helfen bei Magenproblemen, Kopfschmerzen und vielem mehr. Jede Pflanze wirkt ihr eigenes Wunder.

EINE LIEBEVOLLE WARNUNG:
Zu viel des Guten ist nicht gut

Dass Pflanzen gut für unsere mentale und körperliche Gesundheit sind, ist den meisten von uns klar und mittlerweile wissenschaftlich belegt. Ein Leben ohne sie kann und will ich mir nicht mehr vorstellen. Trotzdem weiß ich inzwischen: Auch bei meinen grünen Lieblingen gilt, dass zu viel des Guten nicht gut ist. Wenn die Pflege eurer Pflanzen euch über den Kopf wächst, weil euer Leben euch keine Zeit lässt und ihr euch vor lauter Freude zu viele Pflänzchen in euer Zuhause geholt habt, minimiert eure Sammlung! Ich weiß mit meinen nunmehr über hundert grünen Lieblingen nur zu gut, wie viel Zeit ihre Pflege (Gießen hier, Umtopfen dort, Schädlingsbekämpfung noch dazu) in Anspruch nehmen kann. Deshalb achtet darauf, dass eure Leidenschaft für Pflanzen nicht so viel Raum in eurem Leben einnimmt, dass sie euch letztendlich mehr Kraft entzieht, als sie euch gibt. Denn das sollte nicht sein. Für Neulinge gilt: Weitet eure Pflanzensammlung nicht zu schnell zu sehr aus, sondern lernt erst einmal, für wenige Pflanzen angemessen zu sorgen, und etabliert eine eigene Routine. Alten Pflanzenhasen möchte ich sagen: In der Pflanzen-Community tendieren wir oft zum Exzess. Als Jäger und Sammler möchten wir am liebsten alle schönen, besonderen Pflänzchen unser Eigen nennen – aber es gibt so viele! Wenn ihr an den Punkt kommt, an dem eure grünen Lieblinge euch und eure Freizeit eher erdrücken als bereichern, verschenkt oder verkauft diejenigen, die euch weniger am Herzen liegen. Euch selbst zuliebe.

Pflanzeneltern zu sein ist so bereichernd wie gesund für das Leben. Überforderung dagegen ist niemals gesund, deshalb genießt diese Leidenschaft wie alles andere mit Maß.

Wenn man Depression von außen betrachtet, ist sie schwer zu verstehen. Von innen aus gesehen ist sie schwer zu erklären.

Kapitel 1:
(K)EIN LEBEN OHNE PFLANZEN

AM LEBEN GEWACHSEN

Die erste Panikattacke meines Lebens geschah an einem dieser Tage, an denen ich über Stunden hinweg krampfhaft versucht hatte, etwas für meine Masterarbeit zu tun. Ich hatte Onlinepublikationen durchsucht, mein Thema ein Dutzend Mal verflucht und vor dem immer noch fast leeren Word-Dokument gesessen, ohne einen Absatz zu schreiben. Der Titel meiner Masterarbeit prangte wie ein Mahnmal über der ersten Seite des Dokuments, darunter reihten sich ein paar aus meinem Exposé kopierte Sätze. Es war Ende August, also rund anderthalb Monate nach der Anmeldung meiner Arbeit, die ich bis Mitte November abgeben sollte. Schon im Juli war mir mulmig gewesen bei dem Gedanken, die Masterarbeit jetzt wirklich anzugehen und mein ungeliebtes Studium der Internationalen Beziehungen endlich abzuschließen. Zu dem Zeitpunkt war ich im sechsten Semester, zwei Semester über der Regelstudienzeit, was hauptsächlich mangelndem Kursglück und exzessivem Arbeiten geschuldet war. Nach dem verschulten Studium des Journalismus und der Soziologie in London, das ich geliebt hatte, war ich für den Master nach Berlin gegangen und hatte mich im deutschen Universitätsleben eher durchgewurschtelt als zurechtgefunden. Um an meine Bestleistungen zu kommen, brauchte ich Druck und klare Anforderungen – die fand ich in Deutschlands romantisch idealisiertem Studium nicht. Die Freiheit bei der Kurswahl, Professoren, die einen einfach mal machen ließen, bei denen jede Abgabefrist nur ein Richtwert war und die einen in jedem Seminar endlos über einzelne Sätze in Texten diskutieren ließen – und zu alldem noch eine Administration, die für jeden Pieps ein Formular hatte, aber gleichzeitig oftmals die eigenen Studienprogrammregelungen nicht kannte –, waren für mich ein purer Kampf. Ich weiß, dass viele Kommilitonen genau wegen dieser lockeren Struktur und idealistischen Grundgedanken das Studium lieben, aber ich wünschte mir stattdessen oft das klar vorstrukturierte Studium in England zurück. Hochleistung unter Druck und Faulheit in Freiheit waren immer mein Ding gewesen.

Trotzdem hatte ich nach sechs Semestern endlich alle Voraussetzungen für die Anmeldung zur Masterarbeit, und um mein ungeliebtes Studium nicht noch länger mit mir herumschleppen zu müssen, hatte ich mich mithilfe meiner Therapeutin im Juli entschieden, dem Trott ein Ende und mir eine Deadline zu setzen. Die Fragestellung, die nun das Word-Dokument zierte, entsprang weit mehr dem Kopf meines Professors als meinem. Ich empfand sie genauso dröge wie die internationalen Beziehungen selbst, die ich mir aber nun mal als Studienfeld ausgesucht hatte. Nach dem praktisch orientierten Journalistik- und Soziologiestudium hatte ich mich in den letzten Jahren mit politikwissenschaftlichen Theorien befasst, die mich größtenteils wenig interessierten.

Die Blockade, die es mir jetzt unmöglich machte, irgendetwas Sinnvolles zustande zu bringen, war neu für mich. Bildung war mir bis dahin immer leichtgefallen; ein Abi mit der Durchschnittsnote 1,2 und der Bachelor aus England mit einer 1,4 hatten mich in die Gesellschaft von hochkompetitiven Kommilitonen gebracht. Wie sie brillierte ich normalerweise immer dann, wenn es um Noten und Wissen ging. Diese Masterarbeit jedoch schien mir einfach nicht machbar zu sein. Ich konnte mich seit Wochen kaum konzentrieren, meine Aufmerksamkeitsspanne überstieg selten zwanzig Minuten. Aber auch in diesen kurzen Zeitabschnitten hatte ich keine Ahnung, wie ich jemals zwanzigtausend Wörter über theoretischen Nonsens schreiben sollte. Die Fragestellung der Arbeit – »Warum sind einige Regierungen in der EU mehr gewillt, gemeinsame Vereinbarungen zu treffen, als andere?« –, die mir vor der Anmeldung zwar langweilig, aber doch logisch erschienen war, las sich für mich inzwischen wie ein sehr schwieriges Kreuzworträtsel.

Ich zweifelte in diesen Tagen oft an meiner Intelligenz und redete mir mitunter ein, dass alles, was ich bisher erreicht hatte, nicht an mir gelegen haben konnte. Ich musste meine Mitmenschen lange über meine eigentliche Dummheit hinweggetäuscht haben, die sich jetzt, wo es drauf ankam, nicht mehr verbergen ließ – sagte ich mir.

Nach einer nervenzehrenden Stunde, in der ich wieder nichts geschafft, dafür aber Tausende Zweifel an meiner Herangehensweise, dem Thema, meiner Intelligenz und meinem Leben aufgeworfen hatte, gab ich auf. Mein Kopf fühlte sich an, als hätte ich Tausende Wörter geschrieben. Gedacht hatte ich sie allemal. Ich begab mich vom Schreibtisch ins Bett, ein Weg, den ich in diesen Tagen so oft zurücklegte. Nur drei Meter waren es von hier nach dort, nur ein Schlafsofa mit Couchtisch stand dazwischen, aber selbst das kostete mich unfassbare Anstrengung. Im Bett angekommen, schrieb ich eine Nachricht an einen Zockerfreund namens William.

»Ich habe wieder nichts hingekriegt, liege jetzt im Bett. Ich fühle mich, als würde ich dreihundert Kilogramm wiegen. Mein Kopf wiegt davon alleine schon hundert. Ich kann mich nur langsam bewegen und sprechen. Es ist wie eine eigenartige Grippe.«

Wer nie an einer Depression gelitten hat, kann kaum nachvollziehen, was sie ausmacht. Depressionen sind zwar heutzutage in aller Munde und gelten inzwischen als Volkskrankheit, was sowohl an einer besseren Aufklärung als auch an einer teilweisen Banalisierung der Krankheit als eine Art Trend liegt. Trotzdem wissen viele Menschen immer noch nicht, dass Depressionen keinesfalls bedeuten, traurig zu sein. Dieses Unwissen kann ich ihnen nicht verübeln – die Krankheit ist für Menschen, die nie unter ihr gelitten haben, schwer greifbar und selbst für Betroffene nicht einfach zu beschreiben. Nein, Depressionen sind keine Dauertraurigkeit, keine Laune von Leuten, die nicht mit ihrem Leben klarkommen, sondern eine Erkrankung. Die Beschreibung als »innere Leere« habe ich häufig gehört, aber auch sie trifft es nicht ganz. Manchmal sind Depressionen auch eine »innere Überfüllung«, nämlich von Gedanken. Oftmals bedeuten sie auch »Lebensmüdigkeit« – die Überzeugung, nichts mehr zu wollen, nicht mehr zu können, keinen Sinn mehr in irgendetwas zu sehen.

»Das klingt gar nicht gut, Sarah«, schrieb William zurück. »Willst du eine Runde zocken?«

Er war in diesen Tagen der Mensch, der am besten wusste, wie es mir ging. Meiner Familie und meinem Freund gegenüber brachte ich es oft nicht übers Herz, so ehrlich zu sein. Ich wahrte lieber den perfekteren Schein jener Sarah, die ich so lange gewesen war.

In Online-Games trifft man zahlreiche Menschen mit Depressionen oder anderen psychischen Erkrankungen an. Entgegen etlicher Vorurteile glaube ich aber, dass es in vielen Fällen nicht die Spiele sind, die isolieren und krank machen, sondern dass Leidende oftmals in der Onlinewelt Zuflucht suchen und dort Gleichgesinnte finden. Sie ist ein Tummelbecken für Menschen, die in der wirklichen Welt nicht klarkommen – eine Vermeidungsstrategie, keine Hilfe, aber auch nicht der Ursprung der psychischen Probleme. Diese Welt war damals mein Zufluchtsort. Wenn

Meine Anthurium Metallicum namens »Miracle«

ich zockte, konnte ich am besten verdrängen, welcher Druck und welche Ängste sonst auf mir lasteten. Es war nicht entspannend, im Gegenteil – das Spiel war eine Reiz- und Informationsüberflutung auf mehreren Ebenen und forderte viel Aufmerksamkeit und Energie ein, die ich in der realen Welt für nichts aufbringen konnte. Gerade deswegen war es die perfekte Verdrängungsmethode: Ich musste mich so konzentrieren, dass ich an nichts anderes denken konnte.

Mit Mühe erhob ich mich also wieder aus dem seit Wochen ungemachten Bett, ging in den Küchenbereich meiner kleinen Wohnung und mixte mir einen Aperol Spritz. Mein Magen rebellierte seit einer Weile, ich hatte oft Sodbrennen, und mir war andauernd übel, besonders bei gewürztem oder fettigem Essen, weswegen ich an den meisten Tagen auf Schonkost à la Kartoffeln und gekochtes Gemüse umstieg. Den Alkohol am Abend ließ ich mir trotzdem nicht nehmen. »Der Arschloch-Magen kann mich mal«, lautete meine Devise. Also schmiss ich auf dem Weg zurück zu meinem Schreibtisch, der zwischen zwei hohen Altbaufenstern stand, eine Omeprazol-Tablette ein, die mir mein Berliner Hausarzt verschrieben hatte, und schluckte sie mit Aperol hinunter. Die Tabletten sollten die Produktion der Magensäure verringern und so meine Magenschleimhaut schonen. Ich nahm sie nun seit etwa zwei Wochen – seitdem hatte sich die Übelkeit etwas gebessert.

Als ich gegen Mitternacht ins Bett wankte, merkte ich, dass der Alkohol es diesmal nicht schaffte, meine Gedanken gänzlich zu betäuben. *Noch zweieinhalb Monate bis zur Abgabe der Masterarbeit.* Das immer näher rückende Datum, der 15. November, an den ich Tag für Tag dachte, fühlte sich an wie eine drohende Apokalypse. Es war der Tag, an dem ich mich endlich frei nennen könnte, aber bis dahin lag noch so viel Arbeit vor mir – in der Redaktion und am heimischen Schreibtisch. In meinem Handy-

Taschenrechner teilte ich zwanzigtausend Wörter durch fünfundsiebzig Tage: zweihundertsechsundsechzig und zwei Drittel. Schon wieder ein paar mehr pro Tag, seitdem ich die Rechnung das letzte Mal aufgestellt hatte – natürlicherweise. Noch war es machbar. Meine Bachelorarbeit hatte ich immerhin auch innerhalb von zwei Wochen zu Papier gebracht, Recherchearbeit und Datenauswertung ausgenommen. Meine damalige beste Freundin Kim und ich hatten uns vierzehn Tage lang in unserer Londoner Wohnung verschanzt und nebeneinandersitzend unsere Abschlussarbeiten geschrieben. Nach einigen Tagen hatte sich meine Gehirnmasse wie Matsch angefühlt, aber zu zweit geht man leichter durch solch eine intensive Arbeitsphase. Allerdings hatte ich in jener Zeit keinen Studentenjob und mehr Unterstützung seitens der Uni. Außerdem war das Thema, nämlich wie die Debatte um das schottische Unabhängigkeitsreferendum 2012 in den britischen Medien dargestellt wurde, wirklich interessant gewesen. Jetzt saß ich allein in meiner zwar geliebten, aber einsamen Altbauwohnung mit dreißig bis vierzig Stunden Arbeit pro Woche und einem Thema, das sich mir nicht erschloss.

Bevor ich es wirklich wahrnahm, liefen mir Tränen über das Gesicht, und ich schluchzte. Aber es war mehr als ein bloßer Tränenausbruch. Mit meinen erdrückenden Gedanken hatte ich mich in etwas hineingesteigert, das alle Muskeln in meinem Körper sich zusammenziehen ließ und mich zum Zittern brachte. Ich kauerte in der Position eines Babys im Mutterleib in meinem Bett und fühlte mich wie im Wahn. *Ich werde es niemals schaffen, die Masterarbeit zu schreiben. Ich bin einfach nicht schlau genug und viel zu faul.* Mein Kopf hatte eine Gedankenspirale begonnen, aus der ich nicht mehr herauskam. *Beim Abgabetermin werde ich mit leeren Händen dastehen – meine Professoren, meine Eltern, meine Freunde, alle werden enttäuscht von mir sein. Wie lange ich meinen Studentenjob wohl noch behalten kann? So unbelastbar, wie ich im*

Moment bin, sicherlich nicht lang. Und danach wird mich niemand mehr einstellen. Normales Atmen fiel mir zusehends schwerer, so angespannt, wie mein Körper war, also begann ich immer stärker zu hyperventilieren. Mir war kotzübel, was nicht am Aperol, sondern vielmehr an meinem krampfenden Magen lag. *Mein Leben geht gerade den Bach herunter. Dieser ganze Karriereweg, den ich bis hierher gegangen bin, ist nichts wert und völlig sinnlos gewesen. Im Endeffekt werde ich nämlich sowieso scheitern, das sieht man jetzt doch. Ich kann nicht mehr. Ich will nicht mehr. Ich …*

Ich sah mein Handy aufblinken. Eine Nachricht von William.

»Was machst du noch? Schon im Bett?«

Mit zitternden Händen und der wenigen Kraft, die mir noch geblieben war, tippte ich: »Ich liege gerade im Bett und kann einfach nicht mehr.« Es dauerte nur ein paar Sekunden, da rief William an.

»Sarah, was ist los? Was heißt das – du kannst nicht mehr?« Er wusste natürlich genau, was das hieß, aber niemand nimmt so einen Satz einfach hin, ohne nachzuhaken. Ich brachte kaum ein Wort zustande; stattdessen schluchzte und hyperventilierte ich William über das Handy an. Es brauchte einige Zeit und viel gutes Zureden seinerseits, bis mein Körper sich endlich beruhigte und die Anspannung von mir abfiel. Es ging dabei weniger darum, was er sagte, obwohl er natürlich alles versuchte, um meine Überforderung mit Uni und Arbeit (und diesem komplexen Ding namens »Leben«) zu rationalisieren, damit ich besser damit umgehen konnte. Vielmehr war ich dankbar dafür, dass er für mich da war – dass er von sich aus angerufen hatte, denn ich selbst hätte die Kraft nicht aufgebracht, zumal ich niemandem mit meiner Heulerei zur Last fallen wollte.

Ich empfand mich oft als Belastung für andere. Es war eine Grundannahme, die vor allem in meinen depressiven Phasen bis in die kleinsten Lebensbereiche drang und mich lähmte. *Ich bin eine schwere finanzielle Belastung für meine Eltern, weil sie mich im Studium so sehr unterstützen*, war eine meiner Grundannahmen. *Jemanden anzurufen, wenn es mir schlecht geht, ist einfach nur egoistisch. Ich sollte nicht die Zeit von anderen verschwenden und mir selbst helfen*, war eine andere. In vielen Momenten fühlte ich mich so unwillkommen auf dieser Welt, als ein solcher Störfaktor, der nur das Gleichgewicht aller Menschen durcheinanderbrachte, dass ich am liebsten verschwinden wollte. *Ohne mich würde es eh allen viel besser gehen*, huschte mir in diesen dunklen Tagen ständig durch den Kopf. Und die Worte erschienen mir immer wahrer.

GEFANGEN IN DER ABWÄRTSSPIRALE

Der Kummer, der nicht spricht, nagt leise am Herzen, bis es bricht.

WILLIAM SHAKESPEARE,
MACBETH

Am nächsten Tag ging ich nicht zur Arbeit, sondern meldete mich krank. Die Nachwirkungen der Panikattacke saßen mir in den Gliedern: Ich hatte Muskelkater über den Bauch bis in den Nacken hinein und fühlte mich nach der Anstrengung des letzten Abends noch träger, als ich es durch die Depressionen ohnehin schon tat.

Migräne war der Grund, den ich einige Male genannt hatte, um eine eintägige Krankheit rechtfertigen zu können. In Wahrheit war ich zu depressiv, um mich zu duschen, mich anzuziehen oder gar die Wohnung zu verlassen – und in Kombination waren diese Anforderungen schier unmöglich. Aber welcher Arbeitgeber würde das als Krankheitsgrund akzeptieren? Außerdem war es mir überaus peinlich zuzugeben, in welch elendem Zustand ich war. Ich hatte ein schlechtes Gewissen. Es fühlte sich immer ein wenig so an, als würde ich blaumachen, wenn ich wegen meiner Depression nicht zur Arbeit ging. Immerhin war ich ja nicht »richtig krank«, sagte ich mir – ich hatte kein Fieber oder etwas anderes, Greifbares. Aber ich war auch nicht arbeitsfähig.

Als ich meine Masterarbeit angemeldet hatte, hatte ich nicht kommen sehen, dass wir in der Redaktion unter den studentischen Nachrichtenschreibern im Sommer einen Engpass haben würden. Mein Teamleiter hatte auf meine Ankündigung, in den kommenden Monaten wegen des Studiums weniger arbeiten zu wollen, mit einer klaren Absage reagiert. »So viele deiner Kollegen sind im August und September nicht da. Das geht nicht«, sagte er schlicht – und trug mich ein paar Tage später im Umfang einer Vollzeitstelle in den Dienstplan ein. Ich liebte meine Arbeit so sehr, dass ich es hinnahm. In der Redaktion schrieb ich Nachrichten zu allen anfallenden Tagesthemen – das verlangt Schnelligkeit und Korrektheit, Stressresistenz ist dabei im Großraumbüro unabdingbar. Im Schichtdienst arbeitete ich teilweise früh am Morgen und teilweise in der Nacht, was meinen Schlafrhythmus jede Woche mehrfach durcheinanderbrachte. Aber ich war glücklich und dankbar für meinen Job. Die Kollegen waren nett, die spannende Arbeit als schreibender Journalist war genau das, was ich immer hatte machen wollen und worauf ich so lange hingearbeitet hatte. Außerdem bezahlten sie nicht schlecht, und ich brauchte das Geld, hatte ich doch in den letzten Monaten alles andere als gut gehaushaltet.

Wenn jemand wegen Krankheit ausfiel, war ich die Erste, die einsprang. Ich wollte die Redaktion nicht hängen lassen. Das gab mir ein Gefühl der Bestätigung, des Gebrauchtwerdens, das ich noch bei keiner Arbeit zuvor erlebt hatte. Gleichzeitig fürchtete ich ständig, von meinem Chef oder den Kollegen nicht mehr gemocht oder anerkannt zu werden, dass meine Leistungen nicht ausreichen und man mir womöglich kündigen würde. Auch deshalb sagte ich zu allem Ja, was mir abverlangt wurde.

Zu meinen Kollegen in der Redaktion hatte ich ein professionelles, aber kein freundschaftliches Verhältnis. Meine ständige Angst, zu schlecht für den Job zu sein, lähmte mich im Umgang mit ihnen. Ich verhielt mich so, wie ich dachte, dass sie es von mir erwarteten. Privates ließ ich immer außen vor. Während meine studentischen Kollegen mit den festangestellten Journalisten in die Mittagspause gingen oder sich abends auf ein Bierchen trafen, ließ ich die wahre Sarah nicht durch. Auf der Arbeit war ich eine verbissene, verängstigte, freundliche, aber verschlossene Hülle meiner selbst.

Dass meine Ängste nicht fundiert waren, wusste ich im Grunde. Oder besser: Ein kleiner rationaler Teil von mir wusste das. Der Rest ließ sich von dieser Einsicht nicht überzeugen. Und so fühlte sich meine Arbeit in der Redaktion an wie ein ständiger Ballettanz auf einer dünnen Eisschicht.

Statt im Newsroom verbrachte ich nun also einen weiteren Tag in meiner Wohnung, in die das Sommersonnenlicht kaum hereindrang, weil alle Fenster zum zweiten Hinterhof zeigten, der von hohen Bäumen durchwachsen war – Berlin eben. Ich hatte mir in den vergangenen Monaten von meinem erarbeiteten Geld und, zugegeben, auch von meinem Dispo einige Möbel und etwas Dekoration gekauft, um mich in meinem Zuhause wohler zu fühlen. Zwei neue Kommoden in Hochglanzweiß, vier Wandregalbretter, ein cremefarbener Teppich, ein großer Sonnenspiegel, zwei rote Schaffellteppiche und Kissen in Blau und Rot zierten meine Wohnung. Goldene Dekorationen rundeten das Ganze ab. Ich mochte die Farbgebung, die meine Liebe zu den Briten und dem Leben dort widerspiegelte. Außerdem war die Einrichtung elegant bis exzentrisch – genau mein Ding. So grau, wie die Welt sich mir gerade zeigte, wusste ich die Farben in meinem kleinen Apartment sehr zu schätzen. Trotzdem fühlte ich mich dort vor allem alleine. Und das war ich ja auch die meiste Zeit, das konnten weder Möbel noch Deko wettmachen. Mein Freund und meine Familie lebten Hunderte Kilometer weit weg. Meine Freunde aus der Uni hatte ich seit Monaten nicht gesehen. Nach der Arbeit hatte ich keine Energie mehr für andere Aktivitäten, und an freien Tagen verließ ich kaum noch das Haus, auch weil ich mir die Pflicht aufbürdete, dann jedes Mal an meiner Masterarbeit zu schreiben – was ich natürlich nicht schaffte. Außerdem gibt es in Berlin dieses Phänomen, dass Treffen mit Freunden entweder Wochen im Voraus geplant werden müssen oder andernfalls nur ganz spontan passieren. Der Jungberliner hat einen vollen Terminkalender, Lücken gibt es nur vollkommen unerwartet – und wer in einem anderen Kiez wohnt, den sieht man eher nur im ersteren Fall. Berlin ist in dieser Hinsicht mehr eine Ansammlung größerer Dörfer als eine Stadt. Das macht das Sozialleben noch schwerer, als es ohnehin schon ist, auch ohne Depressionen. Wenn ich ehrlich zu mir bin, fühlte ich mich auch zu schuldig, um mich bei meinen Unifreunden zu melden und den Kontakt aufleben zu lassen. Ich hatte mich in den vergangenen Monaten zusehends vergraben, alle Gruppentreffen kurzfristig oder gar nicht abgesagt und war einfach nicht erschienen. Das war nicht cool, nicht gerade freundschaftlich, das war mir klar. Es tat mir leid und zermürbte mich womöglich mehr als meine Freunde. Aber wegen Depressionen abzusagen ist immer noch nicht salonfähig. »Sorry, ich kann unser verabredetes Treffen nicht wahrnehmen. Ich habe kaum die Energie, um aufzustehen, geschweige denn zu duschen oder rauszugehen. Ich werde stattdessen den Tag damit verbringen, die Wände anzustarren, zu schlafen und die Gedanken in Schach zu halten.« Das wäre die ehrliche Absage gewesen, die ich aber niemandem zumuten wollte. Keiner würde es verstehen, stattdessen würden alle es als fadenscheinig und respektlos empfinden – dachte ich. Sie würden annehmen, ich sei faul, aufmerksamkeitsheischend oder – noch schlimmer – völlig durchgeknallt.

Ich sehne mich in diesen Tagen nach einer Schulter zum Anlehnen. Außerdem hätte ich jemanden, der dafür sorgte, dass ich genug aß, mich selbst unter die Dusche bugsierte und den Berg an schmutzigem Geschirr in den Griff bekam, gut gebrauchen können. Stattdessen quälte ich mich durch den Tag, machte einen dreistündigen Mittagsschlaf, denn nach maximal fünf Stunden Wachsein war meine Energie am Ende, und aß bis zum Abend nichts. Dann bestellte ich mir häufig ein Thai-Curry bei meinem Lieferservice. Zum Kochen war ich nicht in der Lage, aber irgendetwas musste ich ja essen, obwohl ich mich nicht danach fühlte. Ich wusste, dass das scharfe Gericht meinen schmerzenden Magen nur noch mehr durcheinanderbringen würde, aber wenn es etwas gab, das ich jetzt wirklich wollte, dann war es mein geliebtes Thai-Curry in Rot mit Ente, Reis und viel Gemüse. »Also scheiß auf den Scheißmagen«, sagte ich mir – und genoss mein Essen mit einer Magentablette und einem Glas Wein.

Meine Mutter meldete sich mehrmals pro Woche, fragte, wie es mir in Berlin ging und was es Neues gab. Ich hatte ein sehr enges Verhältnis zu ihr und erzählte ihr eigentlich alles. Nur was mein Befinden anging, hatte ich in letzter Zeit ein wenig um die Wahrheit herumgeredet. »Mir geht es ganz gut, doch«, war meine Lieblingsantwort auf ihre Frage. So auch heute. Ich wollte meine Eltern nicht beunruhigen. Sie waren weit weg, was hätten sie schon tun können, selbst wenn sie gewusst hätten, wie ich mich wirklich fühlte? Außerdem konnte ich mit einem heiteren »Ganz gut« leicht abwenden, weiter über mich sprechen zu müssen, und zu einem »Und bei dir so?« überleiten. Zuhören war einfacher. »Hach ja, ich arbeite diesen Monat ziemlich viel. Das ist stressig, aber ich kriege es schon hin«, erzählte ich ihr, als sie fragte, wie es mir mit meinem Job in der Redaktion derzeit ginge.

Im Gegensatz zu meinem Vater fragte meine Mutter nicht jedes Mal gezielt nach meinen Fortschritten bei der Masterarbeit. Sie wollte mich nicht unter Druck setzen, das wusste ich, und sie spürte wohl auch, dass mir der kombinierte Stress von Arbeit und Uni langsam, aber sicher über den Kopf wuchs. Wenn sie meine Schichtpläne sah, brachte sie jedes Mal ihre Missgunst zum Ausdruck. »Sarah, das ist zu viel. Lass dir nicht so viele Schichten andrehen!« Ich hatte ihre Sorgen bisher immer abgetan. »Wir sind unterbesetzt – wer soll die Arbeit sonst machen? Außerdem verdiene ich dadurch gerade gut, Mama. Ich schaffe das schon.« So wie ich immer alles schaffte.

Wenn mein Vater, der etwa ein Mal pro Woche anrief, nach der Masterarbeit fragte, sagte ich ihm: »Ich komme voran. Nicht schnell, aber stetig.« Diese Worte sollten sowohl ihn zufriedenstellen als auch meine eigene Panik ein wenig mildern. Danach lenkte ich das Gespräch meist schnell auf ihn.

Hier und da hatte ich in unseren Telefonaten mal einen Hilfeschrei in Form von Sätzen wie »Ich glaube, ich kann nicht mehr« losgelassen. Ich konnte meinen Eltern nicht klar sagen, dass meine Depressionen so schlimm waren und ich an manchen Tagen nicht mehr leben wollte. Das hätte sie nur in Panik versetzt und nichts gebracht. Wenn sie meine Hilfeschreie hörten, waren sie für mich da, munterten mich auf, beruhigten meine Ängste. Aber sie waren und blieben eben weit weg. Meine Eltern hatten mich wie zuvor in London auch in Berlin bisher selten besucht – mein Vater etwa ein Mal pro Jahr, meine Mutter noch seltener.

»Komm nach Hause, nach Köln!«, war ihre Zaubermedizin an Tagen, an denen es mir ganz offensichtlich nicht gut ging. Ich stammte aus einer Familie voller Kölner Lokalpatrioten. Meine Eltern und meine zwölf Jahre ältere Schwester hatten ihr gesamtes Leben in der Stadt verbracht – genauso wie meine Großeltern und auf der Seite meines Vaters alle Vorfahren seit Hunderten von Jahren. Dass ich Köln nach der Schule verlassen hatte, war für meine Familie deshalb immer ein wenig paradox gewesen. Was konnte man schon an dem hässlichen, unmenschlichen Berlin finden? Für sie war klar, dass ich eines Tages aus der gefährlichen, dreckigen Stadt zurückkehren und in Köln bleiben würde. Ich war mir da ganz und gar nicht sicher, aber ich ließ sie gerne in dem Glauben.

Außerdem war Heimkehren gerade keine Option – ich hatte einen Job und ein Studium, die mich in Berlin hielten. Und was den Grund für meine Depressionen anging, so war der nicht einfach die Hauptstadt. Ich wünschte mir, sie würden mich häufiger besuchen, obwohl sie Berlin nicht mochten. Per Flugzeug, Bahn oder, wenn es sein musste, auch per Auto gelangte man innerhalb von wenigen Stunden von Köln hierher und damit zu mir. Vielleicht waren ihre seltenen Besuche ein Ausdruck ihres Unverständnisses, dass ich in Berlin wohnte – ein weiterer Grund für mich, wieder nach Köln zu ziehen. Oder es war schlichtweg ihre Trägheit, den Mittelpunkt der Welt, *known as* Köln am Rhein, zu verlassen. Ich wünschte sie mir jedenfalls vor allem in diesen Tagen herbei, in denen meine Depressionen immer schlimmer wurden, sosehr ich auch versuchte, das vor ihnen geheim zu halten.

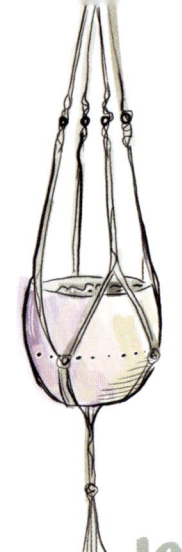

AUFBLÜHEN

EIN STÜCK LEBENSFREUDE

*Nimm Pflanzen,
um Leben zu erwecken.*

DOUGLAS WILSON

Meine erste Monstera kaufte ich mir nach einem stressigen Tag in der Redaktion. Ich arbeitete am Newsdesk – dem Herzen der Online-Redaktion, an dem neben den Chefs vom Dienst Nachrichten-, Bild und Social-Media-Redakteure sowie Suchmaschinen-Optimierer saßen und die Webseite ständig neu erfanden. An diesem Tag betreute ich sieben Stunden lang die Homepage und App, stellte Artikel und Seitenmodule auf die Seite und schmiss sie später wieder herunter, las sämtliche Texte durch und kontrollierte vor allem die Überschriften und Teaser auf Fehler, behielt dabei den Traffic im Blick und schrieb nebenbei noch ein paar Meldungen. Der Job brachte zwar viel Abwechslung, aber auch Verantwortung mit sich. Normalerweise war die Homepage-Schicht entspannter als die sechsstündige Nachrichtenschicht, in der ich hauptsächlich Meldungen schrieb, manchmal bis zu sechs oder sieben am Tag. Aber an diesem Tag war einer der Nachrichtenredakteure ausgefallen, und so musste ich zusätzlich beim Schreiben mithelfen. Die üblichen Schichten für Studenten waren höchstens sieben Stunden lang, während die hauptberuflichen Redakteure acht Stunden arbeiteten und nur in Notfällen und außergewöhnlichen Nachrichtenlagen länger blieben. Der Job eines Journalisten ist stressiger als die meisten anderen – deshalb arbeiteten viele Kollegen in der Redaktion lediglich achtzig Prozent, also vier Tage pro Woche. Ich arbeitete dagegen zu dieser Zeit wegen Unterbesetzung oft vierzig Stunden pro Woche.

Ich war den üblichen Redaktionsstress inzwischen gewohnt; unter Zeitdruck arbeitete ich normalerweise umso effizienter. Auch das ständige Gewusel und Getippe im Großraumbüro, in dem Dutzende Journalisten saßen, störte mich bald nicht mehr. Es wirkte vielmehr wie eine motivierende Hintergrundmusik auf mich.

Je tiefer ich jedoch in Depressionen versank, desto schwieriger fiel es mir auch auf der Arbeit, mich zu konzentrieren. Ich ertappte mich, wie ich alle zwanzig Minuten aufstand, um in die Küche zu laufen und mir einen weiteren Kaffee zu holen oder zum zehnten Mal in dieser Schicht auf die Toilette ging, um meinem Kopf die benötigte Pause zu geben. Wenn es stressig war und Meldungen dringend veröffentlicht werden mussten, wie es an diesem Tag ein paar Mal passierte, schaltete ich auf meinen Notmodus. Ich funktionierte einfach – immer in der Angst, vor lauter schwerer Leere in meinem Kopf einen Fehler zu begehen. Ich redete nur noch, wenn es nötig war, und dann mit einer so monotonen Stimmlage, dass ich mir Sorgen machte, jemand würde es bemerken. Das tat aber keiner – oder zumindest wusste ich nichts davon –, und darüber war ich heilfroh. Meine Depressionen, die mich nicht mehr so funktionieren ließen, wie ich sollte, wie ich es von mir gewohnt war, waren ein Makel in dem perfekten Bild, das ich in der Redaktion abgeben wollte. Ich wünschte mir so sehr, eines Tages mit abgeschlossenem Master und Volontariat als richtige Redakteurin dorthin zurückkehren zu können. Aber wenn meine Vorgesetzten wüssten, dass ich unter Depressionen litt, dann würden sie mich sicher niemals einstellen, dachte ich mir. Es wäre das Ende eines Traums, an dem ich nun schon so lange arbeitete.

Bereits im Alter von vierzehn Jahren hatte ich den Entschluss gefasst, Journalistin zu werden. Während viele junge Leute die

Schule verlassen, ohne zu wissen, was sie werden oder studieren wollen, stellte sich mir diese Frage nie. Schreiben liebte ich schon immer. Seit dem Kindesalter verfasste ich Kurzgeschichten und Gedichte und mit elf sogar mein erstes Buch. Meine Leidenschaft zum Journalismus entsprang aber nicht nur der Liebe zum Schreiben, sondern auch einer unstillbaren Neugier anderen Menschen gegenüber. Mich faszinierten ihre Geschichten – von meinen Schulkameraden bis zum Bundeskanzler – viel mehr als meine eigene. Die Entscheidung, nach dem Abitur nach London zu ziehen, um dort Journalismus und Soziologie zu studieren, war wohl eine der besten meines Lebens, die aber wie alle wirklich guten Entscheidungen in ihrer Konsequenz nicht immer einfach war.

Mein ganzes Leben war auf Karriere getrimmt, und das schon seit mehr als einem Jahrzehnt. Mein Lebenslauf war ein kleines Meisterstück, in dem viel Arbeit, Zielstrebigkeit und Leidenschaft steckten. Es fehlte nur noch der Master, danach ein Volontariat, und ich hätte es geschafft. Aber jetzt schien ich mit meinen Depressionen alles, was ich bisher erreicht hatte, gegen die Wand zu fahren.

Mir war schwindlig, als ich die Redaktion nachmittags verließ – so erschöpft war ich. Zum Glück dauerte die Fahrt bis zur Station Seestraße im Wedding trotz eines Umstiegs nur etwa zwanzig Minuten – für Berlin ein Katzensprung.

Als ich an dem Blumengeschäft vorbeiging, das sich direkt am Ausgang der U-Bahn-Station befand und in dem ich schon so viele Pflänzchen gekauft hatte, blieb ich wie angewurzelt stehen.

Vor mir sah ich sie: Monsteras, rund sechzig Zentimeter groß und buschig gewachsen. Ich hatte diese schöne Art einige Male auf Instagram-Accounts zur Inneneinrichtung gesehen, und sie war mir nicht mehr aus dem Kopf gegangen. Das kannte ich bislang nur von Kleidung und Deko, die ich allzu gerne shoppte. Von Pflanzen hatte ich wenig Ahnung und auch, das musste ich zugeben, etwas Angst, hatte ich doch schon einige von ihnen ungewollt getötet und wusste bis heute nicht, warum sie eingegangen waren. Als ich vor dem Laden stand, begann ich mir auszumalen, wie sich eine dieser Monsteras mit ihren wunderschön fenestrierten Blättern wohl in meiner Wohnung machen würde. Bei dem Gedanken daran hüpfte mein depressives Herz ein wenig. Sie würde etwas Grün in meine dunkle Wohnung bringen, etwas Lebendiges, Wachsendes in meine Einsamkeit. Vielleicht war es das Aufkeimen einer Leidenschaft, die bis dahin in meinem Herzen vergraben gewesen war.

Ich nahm das Auftauchen der Monsteras in meinem Blumenladen schließlich als einen Wink des Schicksals, ging hinein und kam mit einer der Pflanzen im Arm wieder heraus. Wie ein Baby hielt ich sie auf dem halben Kilometer nach Hause fest und grinste bis über beide Ohren. Ich fühlte mich zwar immer noch ausgelaugt, aber ein kleines bisschen lebendiger. Dass das der Anfang für etwas Größeres sein würde, das in meinem Leben einmal – physisch und mental – sehr viel Platz einnehmen sollte, ahnte ich damals nicht im Geringsten. Ich hoffte einfach, dass dieses Pflänzchen bei mir überleben und wachsen würde.

Monstera deliciosa

Die Monstera, auch Fensterblatt genannt, ist eine recht beliebte Zimmerpflanze. Vor allem wegen ihrer hohen Dekorativität findet sie sich in vielen Wohnungen. Was die Pflege angeht, ist die Monstera recht genügsam und deshalb für neue Pflanzeneltern gut geeignet.

Sie gehört zur Familie der Aronstabgewächse (Araceae). Beheimatet ist sie in den Regenwäldern Lateinamerikas. Dort wächst sie kletternd bis zwanzig Meter an Bäumen empor. Auch als Zimmerpflanze kann sie ordentliche Größen von bis zu drei Metern erreichen. Den Halbschatten liebt sie am meisten. An einem zu dunklen Standort wird sie eingehen. Generell gilt: Zu viel direktes Licht wird ihre Blätter verbrennen, aber je mehr Licht sie bekommt, desto löchriger und dekorativer werden diese.

Es gibt einige Theorien dazu, warum die Monstera diese Perforierungen in ihren Blättern entwickelt. Am anerkanntesten ist die Erklärung, dass das Sonnenlicht durch die Löcher auf die unteren Blätter der Pflanze hindurchscheinen kann, wenn sie sich im lateinamerikanischen Urwald an Bäumen zum Licht emporrankt.

Ihre Erde mag die Monstera feucht, aber nicht zu nass. Über eine Luftfeuchtigkeit über fünfzig Prozent und regelmäßiges Besprühen freut sie sich sehr. Sie gilt als luftreinigend und ist giftig.

Neben den gängigen grünen Monsteras gibt es auch panaschierte, also mit einem Weißanteil, die unter Pflanzenliebhabern Monstera variegata genannt werden. Diese sind wesentlich seltener zu bekommen als ihre beliebten grünen Schwestern und werden vor allem im Internet zu horrenden Preisen angeboten. Mit etwas Glück findet man diese Schätze aber auch manchmal in Baumärkten und Gartencentern für weniger Geld.

Obwohl die Monstera recht einfach zufriedenzustellen ist, beging ich als unwissende, neue Pflanzenmama den wohl größten Fehler, den ich hätte machen können: Ich stellte sie an einen Platz neben meinem Bett, an dem sie zwar sehr dekorativ aussah, aber unglaublich litt, weil er rund sechs Meter von der Fensterfront meiner Berliner Altbauwohnung entfernt war. Die Idee dahinter war an sich nicht schlecht. Ich wollte von meinem Bett aus direkt auf das schöne Pflänzchen gucken können, das meine Wohnung gleich nach seiner Ankunft lebendiger machte und mich bei jedem Blick beruhigte. Zimmerpflanzen haben einen größeren Einfluss auf die Atmosphäre und unser Wohlgefühl, als so mancher denken mag. Denn anders als schöne Dekoration, die wir uns ins Heim stellen, sind Pflanzen nicht tot. Sie sind stille, aber lebendige Mitbewohner, die im besten Fall mit uns wachsen und uns ein Leben lang begleiten.

Später war die Wand fernab der Fenster und gleich neben meinem Bett in meiner Berliner Wohnung voll mit meinen geliebten Pflanzen, die dank mehrerer Pflanzenlampen auch dort genug Licht zum Gedeihen bekamen. Meine erste Monstera aber genoss diese Vorzüge nicht.

Nach zwei Wochen bekam sie braune und gelbe Flecken auf ihren zuvor so wunderschönen grünen Blättern. Ich war geschockt und überfordert. Sollte meine Monstera als eine weitere von mir getötete Pflanze in die Geschichte eingehen? Ich hatte mir doch so fest vorgenommen, dass es diesmal anders sein würde. Was ich falsch gemacht hatte, wusste ich nicht. *Was zum Teufel will die Pflanze mir nur sagen?*, fragte ich mich immer wieder, während mehr und mehr braune Flecken auf ihren Blättern auftauchten. *Wenn sie doch nur sprechen oder sich wie ein Haustier anderweitig verständlich machen könnte!*

Tatsächlich tat meine Monstera genau das, aber ich verstand ihre Sprache noch nicht. In meiner depressiven Phase schmerzte mich der Verlust jedes einzelnen Blattes, aber die Verantwortung für ein lebendes Wesen zu haben motivierte mich, trotz dieses Rückschlags nicht aufzugeben. Zum Glück suchte ich mir mit meiner ersten, nun kränkelnden Zimmerpflanze Hilfe: Venla, meine Zockerfreundin aus Finnland, beherbergte rund fünfzig Pflanzen in ihrer Wohnung in Helsinki. Sie war eine junge skandinavische Schönheit mit großem Herzen und einer fragilen Seele – auch sie litt unter Depressionen und Angststörungen. Wenn ihre Ängste überhandnahmen, so hatte sie mir erzählt, griff sie zu Schnittschere, Gießkanne und Besprüher und kümmerte sich um ihre grünen Kinder, bis sie sich besser fühlte. All das machte sie zu der wohl passendsten ersten Pflanzenberaterin, die ich hätte finden können. Ich schickte ihr einige Bilder von meiner Monstera, sie stellte eine Ferndiagnose und sagte mir, was ich mit meinem Pflänzchen tun sollte. Dabei brachte sie mir gleichzeitig wichtiges Basiswissen bei.

Erstens: Kaputte Blätter werden nie wieder gesund – schneide sie also ab, damit die Pflanze sich auf ihre gesunden Blätter und das Wachstum konzentrieren kann. Zweitens: Hebe die Pflanze aus ihrem Topf und prüfe die Wurzeln. Sind sie gesund, also recht hart und weiß, oder sehen sie verfault aus? Bei Letzterem schneide die verfaulten Teile ab und setze die Pflanze in einen neuen Topf mit frischer Erde. (Wie das geht, erkläre ich in Kapitel 2 genauer.) Verfaulte Wurzeln sind oft ein Zeichen von Überwässerung oder Überdüngung. Drittens: Steht sie am richtigen Standort? Prüfe die Lichtsituation. (Auch dazu findet ihr in Kapitel 2 mehr.)

Meine Monstera verlor also ein paar ihrer ohnehin kränkelnden Blätter und bekam einen neuen, leider viel zu großen Topf, wie ich später feststellte. Aber das Wissen und Gefühl für grüne Babys erlangt man eben nicht von heute auf morgen, sondern Schritt für Schritt – und mit ein paar Opfern.

An seinem Tiefpunkt angelangt, hatte mein erstes »Versuchsobjekt« nur noch ein Blatt, nachdem ich wohl jeden möglichen Anfängerfehler an ihm begangen hatte. Aber die Monstera hat es mir verziehen: Sie ist inzwischen wieder fast so buschig wie bei ihrem Kauf, und innerhalb von wenigen Jahren wird sie mir wahrscheinlich über den Kopf wachsen. Sie brauchte nur ein bisschen Veränderung, Pflege und Geduld. Auch das hat mich das Dasein als Pflanzenmama gelehrt: Mit Geduld, Gelassenheit und ein wenig Lernwillen wird alles wieder gut – mit Panik, Ungeduld und wildem Ausprobieren eher nicht.

Noch hart gesottener als Monsteras sind Sansevierien und Glücksfedern. Sie sind die Pflanzen, zu denen ich Menschen rate, die behaupten, sie hätten einen schwarzen Daumen, aber trotzdem Grün in der Wohnung haben wollen.

Zamioculcas Zamiifolia

Die Glücksfeder ist eine sehr pflegeleichte Zimmerpflanze. Sie gehört zu den Aronstabgewächsen (Araceae) und kommt ursprünglich aus Ostafrika. Heutzutage findet man sie in vielen Baumärkten und Blumengeschäften. Genau wie die Sansevieria stellt die Glücksfeder keine Ansprüche an ihren Standort. Weil ihre dicken Blattstämme viel Wasser speichern, muss sie nur selten gegossen werden – ein Mal pro Monat reicht vollkommen. Außerdem ist sie leicht aus ihren Blättern zu vermehren. Es gibt sie in Grün und in Schwarz – diese schöne Variation heißt Zamioculcas Zamiifolia »Raven«. Sie wird bis zu sechzig Zentimeter groß und kann nach einigen Jahren ganz schön buschig werden.

Mit meiner neu entfachten Leidenschaft im Herzen machte ich mich an einem arbeitsfreien Tag auf den Weg zu einem Baumarkt, um mehr Pflanzen für meine Wohnung zu holen. Ich hatte Baumärkte immer gehasst, aber als ich nun die Gartenabteilung betrat, sah ich sie plötzlich wie mit anderen Augen. Sie war ein kleines Paradies mit wunderschönen Gewächsen, von denen ich mir an jedem Tag ein paar mit nach Hause nehmen wollte. Dass ich es überhaupt zum Baumarkt drei Bahnstationen von meiner Wohnung entfernt geschafft hatte, war ein großer Schritt für mich. Nun gut, ich war zwar ungeschminkt und trug ein weites schwarzes T-Shirt zu einer weiten schwarzen Stoffhose, aber ich hatte mich zumindest geduscht und sah gepflegt aus – das hatte ich an freien Tagen schon lange nicht mehr fertiggebracht. Die Sehnsucht nach mehr Grün in meiner Wohnung hatte mich motiviert. Mit einem Wunschzettel in der Hand, auf dem einige von Venlas Empfehlungen standen, aber auch weitere Pflanzen, die mir auf Instagram besonders ins Auge gefallen waren, lief ich über eine Stunde lang durch die Pflanzenabteilung und lud grüne Lieblinge in meinen Wagen. Zugegeben, neben Anfängerpflanzen kaufte ich vor lauter Euphorie auch ein paar Gewächse nach Aussehen, ohne zu wissen, wie viel Pflegeaufwand sie benötigten. So kam ich auch zu meiner ersten Seelenpflanze, einer Calathea Flamestar, mit einer wunderschönen Blattmusterung.

Ich verließ den Baumarkt mit zwei großen Taschen voll mit Tontöpfen sowie neun Pflanzen in unterschiedlichen Größen. Die fünfzig Meter bis zur Bahnhaltestelle schaffte ich unter Ächzen und Keuchen, dann nahm ich mir ein Taxi für den Rückweg. Meine neu erweckte Zimmerpflanzen-Euphorie war definitiv stärker als meine Arme. Zu Hause angekommen, verteilte ich meine Lieblinge zunächst provisorisch in der Wohnung, aber so richtig froh war ich nicht darüber. Ich wollte vor allem an der Wand direkt neben meinem Bett mehr Grün – dort, wo auch meine Monstera stand –, also musste ein Pflanzenregal her. Ein Standregal, zwei Regalbretter und zwei Pflanzenlampen später war aus der einst kahlen, weißen Altbauwand schon nach kurzer Zeit ein echter *Urban Jungle* geworden.

Weil sich diese Wand gleich rechts neben meinem Bett befand, war sie jeden Morgen das Erste, was ich sah und was mir ein in dieser Zeit sehr seltenes Lächeln aufs Gesicht zauberte. Meine Pflanzenwand, wie ich sie nannte, war nicht nur eine Augenweide, sondern brachte Leben in meine Wohnung. Mit meinen Pflanzen fühlte ich mich nicht mehr so allein. Ich fing an, wie jede gute Pflanzenmama mit den Pflänzchen zu reden, streichelte und liebkoste sie und gab ihnen Namen. Was manche für völlig verrückt halten mögen, schenkte mir jeden Tag ein bisschen Kraft und Freude – zwei essenzielle Dinge, ohne die ich es vielleicht nicht durch den Herbst 2018 geschafft hätte.

AUFBLÜHEN

ICH KANN
NICHT MEHR

Das Mutigste, was ich je getan habe, war, mein Leben weiterzuleben, als ich sterben wollte.

JULIETTE LEWIS

Was andere als goldenen Oktober empfanden, wurde der Monat für mich, in dem mir mein Leben endgültig entglitt. Mein Magen kämpfte immer mehr gegen mich an, als wäre er ein Parteirebell und ich der Regierungschef, dessen Kurs er nicht länger unterstützen wollte. Mir war ständig übel, und ich bekam nun zusätzlich Krämpfe, die mir das Essen schwer machten. Wenn ich konnte, aß ich Schonkost. Ungesalzener trockener Reis, gekochtes Gemüse und Weißbrot hingen mir längst zum Hals heraus. An anderen Tagen, wenn mir die Kraft zum Kochen fehlte, was inzwischen mindestens drei Mal pro Woche vorkam, aß ich nichts oder bestellte Essen beim Lieferservice. Burger, Thai-Curry oder Gyros waren das Kontrastprogramm zur Schonkost, und mein Kopf schrie förmlich nach dieser Form von Belohnung. An solchen Tagen war es mir egal, was mein Magen wollte oder tat. Ich würde ihm schon zeigen, wer der Boss ist, dachte ich – und nahm deftiges, würziges Essen en masse zu mir. Statt Wein und Aperol trank ich immer häufiger Bier, weil das weniger Säure hatte und ich es besser vertrug. Dafür war der Alkoholanteil geringer, und so konsumierte ich abends meistens drei Halbliter-Flaschen, um mich besser zu fühlen. Morgens hatte ich sogar meiner geliebten Tasse Kaffee abgeschworen, weil sie zu viel Säure enthielt.

In den Monaten zuvor war mir zwar übel gewesen, ich hatte mich jedoch nie übergeben müssen. Aber auch das passierte nun immer mal wieder. Nicht an Lieferservice-Tagen, da muckte mein Magen eher mit Krämpfen auf, sondern völlig unvorhergesehen vor der Arbeit oder an freien Schonkosttagen. Am meisten störten mich die wie aus dem Nichts kommenden Würgeanfälle, die ich plötzlich und häufig in der Öffentlichkeit bekam. Wenn die Übelkeit überhandnahm und ich versuchte, meine Würgeanfälle in Husten zu ersticken, halfen mir nur kurze Gehpausen, bewusstes, ruhiges Atmen und positive Gedanken, die mir in diesen Tagen immer schwerer fielen. Mein Hausarzt war inzwischen überfragt, hatte mir erlaubt, noch mehr Omeprazol-Magentabletten zu nehmen, und eine Magenspiegelung vorgeschlagen. Ich rang mich schließlich dazu durch, in der Facharztpraxis anzurufen. Termine gab es erst im Dezember oder Januar. Mich störte das nicht sonderlich – mir war ohnehin inzwischen vieles egal, wenn es um mich selbst ging. Für meine Familie, meine Arbeit, meine Pflanzen wäre ich »die Extrameile gegangen«, wie es im Englischen so schön heißt. Für mich selbst aber nicht.

Es vergingen mehr und mehr Tage, an denen ich entweder arbeitete oder zu Hause verzweifelt versuchte, an meiner Masterarbeit zu schreiben. Aber über ein paar Seiten kam ich nicht hinaus, zweifelte immer wieder, ob ich die Fragestellung richtig anging und ob ich diese mit meinen ausgewählten Methoden überhaupt würde beantworten können. Es kam mir mehr und mehr so vor, als hätte ich in den letzten drei Jahren überhaupt nicht studiert.

Mein schlechter gesundheitlicher Zustand zeigte sich auch auf der Arbeit immer deutlicher. Das neue Semester hatte angefangen, einige meiner Kollegen waren aus dem Semesterurlaub zurückgekehrt. Trotzdem waren wir wegen Kündigungen immer noch unterbesetzt. Ich hatte zwar weniger Schichten als noch im

September, aber immerhin vier pro Woche, was in etwa einem Halbtagsjob entsprach. Ich versuchte, so viel wie möglich aus dem Homeoffice zu arbeiten, was uns bei bestimmten Schichten und darüber hinaus in Ausnahmefällen zum Glück erlaubt war. So konnte ich an manchen Tagen, an denen ich es nicht geschafft hätte, mich anzuziehen und auf den Weg in die Redaktion zu machen, trotzdem arbeiten. An Tagen, an denen es mir besonders schlecht ging, ich jedoch im Büro hätte arbeiten müssen, meldete ich mich immer häufiger krank. Vor mehr als jeder dritten Schicht im Oktober schrieb ich eine Mail an den Chef vom Dienst, in der ich meist meinen Magen vorschob: »Lieber Chef vom Dienst, ich habe heute leider schlimme Magenkrämpfe und kann die Spätschicht deshalb nicht machen. Es tut mir so leid! Alles Liebe, Sarah.« So in etwa klangen all meine Entschuldigungen, und gelogen waren sie auch nicht völlig. Die Wahrheit aber, nämlich dass mich meine schweren Depressionen arbeitsunfähig machten, wollte ich weder meinen Chefs noch mir selbst zumuten. Der Abgabetermin für meine Masterarbeit lag inzwischen weniger als sechs Wochen entfernt, und ich hatte nach wie vor kaum etwas zu Papier gebracht. Wann immer ich die Kraft fand, mich an die Arbeit zu setzen, schien mein Gehirn jegliches relevante Wissen zu löschen, und ich kauerte wie mit einer Amnesie vor dem PC und starrte auf den Bildschirm. Sosehr ich es wollte, es ging nicht. Ich fühlte mich schlecht, dumm und faul. Als wäre meine psychische Blockade eine gewollte Entscheidung, mit der ich mich vor der Arbeit drücken wollte. Manchmal sprach ich mit mir wie mit einem faulen, verhassten Arbeitskollegen. *Sarah, kannst du nicht einfach mal deinen Arsch hochkriegen? So schwer kann das doch nicht sein*, sagte ich mir dann – und manchmal auch Schlimmeres. Scheitern in dieser Form kannte ich nicht; es fühlte sich nicht bloß fremd, sondern geradezu schrecklich an. Mit jedem Tag, den der Abgabetermin näher rückte, wurde die Nervosität in meiner Magengegend größer. Mir war bewusst, dass es inzwischen kaum noch machbar war, die Masterarbeit termingerecht fertig zu schreiben. Sechs Jahre zuvor, zur Zeit meines Abiturs, hätte ich das Unmögliche vielleicht möglich machen können. In meinem akuten Zustand aber kaum. Es war wie einer dieser Träume, in denen man in einem Auto sitzt, das nicht bremsen kann, und auf eine Wand zurast. Interessanterweise wacht man in solchen Träumen immer kurz vor dem Aufprall auf. Und ich?

An einem Abend, der zu den schlimmsten meines Lebens werden würde, nahm ich die halb leere Flasche Aperol aus dem alten Kühlschrank mit der abgebrochenen Getränkeablage und goss den Likör in ein großes Ikea-Pokalglas, mischte doppelt so viel Prosecco und einen Schuss Wasser dazu. Die Mischung hatte ich beim Jobben als Kellnerin während des Abiturs gelernt – inzwischen war ich quasi Aperol-Spritz-Meistermischerin. Es war einundzwanzig Uhr, also drei Stunden nach der Zeit, um die ich gewöhnlich zu trinken begann. So war es auch nicht mein erster, sondern mein vierter, vielleicht fünfter Aperol-Mix an diesem Abend. Ich hatte nicht mitgezählt, es war einer der besonders schlechten Tage.

Und da war er wieder, dieser Gedanke, der mir längst nicht mehr fremd war. In meinen vergangenen depressiven Episoden war er ebenfalls aus dem Nichts aufgetaucht, immer mal wieder, und dann irgendwann verschwunden. Er war wie eine dieser Spam-Mails, die normalerweise rausgefiltert werden, es zwischendurch aber doch in den Posteingang schaffen. Wenn die Spammer einmal die E-Mail-Adresse haben, wird man sie so leicht nicht wieder los, egal wie oft man ihre Nachrichten in den Spam-Ordner verschiebt. Genauso war es mit diesem Gedanken. Einmal gedacht, ließ er mich nicht mehr los. Ich konnte ihn unterdrücken, mich gegen ihn entscheiden und ihn einige Zeit nicht denken – aber irgendwann würde er wiederkommen. *Ich will nicht mehr leben.* Da war er also. *Ich kann nicht mehr*, dachte ich weiter, während ich aus dem rechten der beiden hohen Altbaufenster schaute.

Es war nicht das erste Mal, dass ich mich fragte, warum ich nicht einfach aus dem Fenster sprang. Zweiter Stock Altbau, das waren gut acht Meter in die Tiefe. Jedes Mal hielt mich die Vorstellung, danach nicht tot, sondern gelähmt zu sein, davon ab. Erschießen? Ich hatte keine Ahnung, wie man in Deutschland an eine Pistole kam, und mit gesprengtem Schädel begraben zu werden war mir irgendwie zuwider. Erhängen? Die Sekunden des Erstickens vor dem Tod waren eine grausame Vorstellung für mich. Ich ging alle möglichen Suizidoptionen in meinen Gedanken durch – auch das nicht zum ersten Mal. In Momenten wie diesem hasste ich mich dafür, so einen starken Lebenswillen zu haben. *Was soll dieses Leben überhaupt? Nur Leid und Schmerz und Stress – und das, um nachher zu sterben. Warum soll ich keine Abkürzung nehmen?*, dachte ich. Meine Gedanken blieben bei Tabletten hängen. *Wenn ich doch nur Schlafmittel hätte*, sinnierte ich. Welche Mittel in welcher Dosis in Kombination mit welchem Magenmittel ich nehmen müsste, konnte nicht schwer herauszufinden sein. Aber hier saß ich nun mal, ohne die passenden Tabletten, betrunken und inzwischen tränenüberströmt. Ich nahm einen weiteren Schluck meines Aperols, als wäre er Alternativmedizin. Mehr und mehr Schluchzer brachen aus mir heraus. Ich fühlte mich völlig kraftlos, hoffnungslos, am Ende. Meine gegenwärtige Lebenssituation spielte sich wie ein Kurzfilm immer wieder vor meinem inneren Auge ab. Der Studentenjob, der sowieso nie in eine richtige Stelle müden würde. Die Masterarbeit, die ich nie fertig schreiben würde. Meine dunkle, einsame Wohnung. Berlin, isolierend und grausam. Meine Familie, die mich nicht besuchte. Mein Freund, der mich nicht besuchte. Die Wand, auf die ich immer schneller zulief.

Ich griff nach einem Beutel in der Vitrine neben dem Schreibtisch, in dem meine Medikamente verstaut waren. Aber außer Ibuprofen fand ich keine Tabletten, die in irgendeiner Art und Weise eine zerstörerische Wirkung auf meinen Körper haben könnten. *Dann eben Ibuprofen*, dachte ich mir, ohne überhaupt noch zu wissen, was ich damit erreichen wollte. Das Einzige, was ich wirklich wollte, war, dass mein Leid endete. Dass all die seelischen Schmerzen, die mich von innen zerfraßen, endlich aufhörten. *Ende. Ende. Ende. Ich kann nicht mehr.* Wie im Wahn schluckte ich einige Ibuprofen-Tabletten und stolperte schluchzend die paar Meter zum Bett. Ich weinte und weinte, während ich an die weiße Decke starrte und mein Körper im Weinkrampf zitterte.

Mein Handy, das auf meinem Nachttisch auflud, vibrierte. Vielleicht war es die letzte Hoffnung, gerettet zu werden, die mich dazu brachte, auf das Display zu schauen. Dort fand ich eine Nachricht von William.

»Hey, ich bin jetzt zu Hause. Du bist nicht online, alles okay?«

Eine berechtigte Frage. Er wusste, dass ich nicht arbeitete, und wenn ich nicht arbeitete, war ich in diesen Tagen abends immer am Zocken.

»Nichts ist okay. Ich hab einiges an Aperol getrunken und eine Handvoll Schmerzmittel darauf genommen. Ich will nicht mehr«, schrieb ich zurück.

»Bist du völlig verrückt, Sarah? Willst du dich jetzt etwa umbringen?«, kam prompt die Antwort.

Ich legte beschämt mein Handy zur Seite. Nach ein paar Minuten rief William an. Er ließ mich nicht mehr vom Hörer, bis ich Stunden später völlig erschöpft einschlief.

AUFBLÜHEN

IN DIE PSYCHIATRIE – ICH?

*Einen Garten zu pflanzen bedeutet,
an morgen zu glauben.*

AUDREY HEPBURN

Die Praxis meiner Psychotherapeutin, zu der ich seit zwei Jahren ging, lag in Steglitz, im Süden Berlins. Einmal pro Woche, manchmal sporadischer, fuhr ich mit der U9 dorthin, um sie zu sehen. Diese Tage waren die einzigen, an denen ich mich noch schminkte und meine Kleidung mit mehr Sorgfalt aussuchte. Es gab mir ein Gefühl der Sicherheit und war damit wohl auch mein Versuch, meine perfektionistische Maske zu behalten, das wusste ich. Wenn ich meiner Therapeutin schon die Wahrheit über das Chaos erzählte, das in mir herrschte, dann wollte ich mir doch wenigstens ein letztes bisschen Selbstrespekt bewahren.

Die Praxis lag im ersten Stock eines typischen Berliner Altbaus in einer schönen, von Bäumen gesäumten Nebenstraße im Stadtteil Steglitz. Meine Psychologin war eine zierliche Frau mit lockigen karamellfarbenen Haaren, die sie meist mit einer Spange hochsteckte. Ihre Kleidung war oft ausgefallen und dabei immer stilsicher. Sie erinnerte mich an meine Mutter.

Draußen fielen mit jedem Windstoß mehr Blätter von den Bäumen der sonst ruhigen Allee, drinnen saß ich und weinte in meinen dicken Wollschal, der wie eine letzte Schutzschicht über meinen Körper gebreitet war. Ich besaß bestimmt hundert Tücher und Schals und ging nie ohne einen vor die Tür. Nun saß ich in dem breiten Ledersessel gegenüber meiner Psychologin und fühlte mich trotzdem völlig nackt. Ich hatte ihr von dem Nervenzusammenbruch vor ein paar Tagen erzählt, den Tabletten, all dem Alkohol.

So besorgt, wie sie jetzt dreinblickte, hatte ich sie noch nie gesehen, obwohl sie mich schon durch einige Tiefs begleitet hatte. Ihre Stirn lag in Falten, ihr Klemmbrett hatte sie längst zur Seite gelegt. Nach ein paar weiteren Schluchzern meinerseits – richtige Worte kamen schon länger nicht mehr aus mir heraus – sagte sie: »Haben Sie sich schon mal überlegt, ob es vielleicht sinnvoll wäre, in eine Klinik zu gehen?«

Es dauerte einen Moment, bis ich ihre Worte verarbeitet hatte. »Wie, in eine Klinik?«

»Frau Remsky, ich will ehrlich mit Ihnen sein: Ich mache mir Sorgen um Sie«, sagte sie mit ruhiger, ernster Stimme. »In Ihrem aktuellen Zustand sind Sie ohnehin weder studier- noch arbeitsfähig. Wir können gerne zwei Termine pro Woche ausmachen – das will ich alleine schon, um sicherzugehen, dass Ihnen nichts passiert. Aber eigentlich brauchen Sie mehr, um wieder auf die Beine zu kommen. In einer Klinik wäre das möglich.«

In meinem Kopf rasten die Gedanken hin und her wie ein aufgescheuchter Bienenschwarm. *Sie meint, ich muss in die Psychiatrie. Aber so krank bin ich doch gar nicht. Klar, depressiv, aber so depressiv?* Dass sie glaubte, ich sei studier- und arbeitsunfähig, beruhigte mich dagegen ungemein. Es war, als hätte mir endlich jemand erlaubt, die Masterarbeit nicht zu schreiben und mich krankzumelden – Dinge, die ich mir selbst nicht hatte zugestehen können. Aber so ganz traute ich ihrer Einschätzung noch nicht. »Meinen Sie wirklich, ich bin krank genug für so etwas?«, fragte ich schließlich.

Sie seufzte laut. »Hätten Sie Krebs, würden Sie so eine Frage nicht stellen. Aber Depressionen sind genauso eine langwierige, schreckliche Krankheit wie Krebs. Sie haben sich so oft bei mir darüber aufgeregt, dass andere Menschen nicht einsehen, dass

Depressionen eine richtige Krankheit sind. Aber auch Sie haben Restzweifel in sich. Gestehen Sie es sich endlich selbst ein, dass Sie eine ›richtige‹ Krankheit haben und deshalb Hilfe brauchen und auch verdienen!« Das alles war mit solch einer Überzeugung und Leidenschaft aus meiner Therapeutin herausgebrochen, dass selbst ich, die grundsätzlich alles infrage stellte, nur nicken konnte.

»Wie käme ich denn in so eine Klinik, und wie lange müsste ich dortbleiben?«, fragte ich schließlich.

Sie erklärte mir, welche psychiatrischen Kliniken in Berlin oder in Köln für mich zuständig wären, wie das Anmeldeprozedere funktionierte und was für ein Therapieprogramm dort auf mich zukäme. Ich wäre nicht auf einer psychiatrischen, sondern auf einer psychosomatischen Station am besten aufgehoben. Etwa vier Wochen seien die meisten Patienten dort in Behandlung. »Davor müssen Sie aber dringend die Magenspiegelung machen lassen, damit geklärt ist, ob es ein Geschwür oder Ähnliches ist und Sie eventuell eine Operation brauchen«, sagte sie noch.

Ich war überfordert, nickte aber. Mit ein bisschen Glück würde der Termin für die Magenspiegelung die Sache noch ein wenig hinauszögern, dachte ich insgeheim. »Und was ist mit der Masterarbeit? Und meinem Job? Das würde ja bedeuten, dass ich wochenlang nicht arbeiten kann. Was soll ich meinem Chef sagen?«, fragte ich.

Meine Therapeutin lächelte mich mit wissendem Blick an. »Wie gesagt, Frau Remsky, Sie sind krank. Die Masterarbeit können wir, so wie es Ihnen momentan geht, sowieso vergessen. Tun Sie das Gleiche, was Sie machen würden, wenn Sie beispielsweise Krebs hätten: Holen Sie sich bitte eine Krankmeldung beim Arzt und schreiben Ihren Professoren an der Uni, dass Sie schwer erkrankt sind und die Masterarbeit auf unbestimmte Zeit verschieben müssen.«

»Schwer erkrankt«, wiederholte ich. So richtig wollte diese Vorstellung nicht bei mir ankommen, konnte ich Depressionen nicht mit zum Beispiel Krebs gleichsetzen.

»Ja, das stimmt doch – Sie *sind* schwer erkrankt. Sie sind ausgebrannt, Sie können nicht mehr!«, sagte meine Therapeutin mit Ernst und Nachdruck. »Und was Ihre Arbeit angeht: Seien Sie ehrlich mit Ihrem Chef. Erzählen Sie ihm von Ihren Depressionen und erklären Sie ihm, dass das der eigentliche Grund für Ihr häufiges Fehlen in letzter Zeit war. Das wird er ohnehin verständlicher finden als ›nur‹ ständige Magenprobleme.«

Mir wurde augenblicklich übel vor Angst. Ich sollte meinem Chef gegenüber zugeben, dass ich depressiv war? Dass ich zu krank zum Arbeiten war? Dann würde er mich doch schneller loswerden wollen, als ich gucken konnte. Wieder brach ein Schwall Tränen aus mir heraus. »Dann kann ich auch gleich kündigen«, schluchzte ich.

»Das glaube ich nicht, so wie Sie Ihren Arbeitgeber bisher beschrieben haben«, sagte meine Therapeutin. »Ehrlichkeit währt am längsten, Frau Remsky. Und viel anderes bleibt Ihnen sowieso nicht übrig.«

Ich einigte mich mit meiner Psychologin darauf, mir ihren Vorschlag, in eine Klinik zu gehen, bis zum nächsten Termin durch den Kopf gehen zu lassen. Mir war schnell klar, dass es für mich wahrscheinlich der beste Ausweg aus meiner Situation sein würde – auch wenn sich der Gedanke unwirklich anfühlte und in mir eine große Angst auslöste. Immerhin schwangen in dem Wort »Psychiatrie« so viele negative Assoziationen mit. Außerdem hörte es sich für mich wie endgültiges Scheitern an. Ich tat mich schwer zu akzeptieren, dass ich die Masterarbeit im November tatsächlich nicht abgeben würde und dass meine Gesundheit mir auch hinsichtlich meines Jobs und meiner weiteren Karriere im Weg stand. So erleichternd es auch war, den Rucksack voll

Leistungsdruck von meinen Schultern zu nehmen, so schwer war es, nun ohne ihn zu leben.

Beim nächsten Therapietermin sagte ich meiner Psychologin, dass ich mich dazu entschieden hätte, ihrem Rat zu folgen und in eine Klinik zu gehen. Sie reagierte sichtlich erleichtert und bereitete mit mir die kommenden Schritte so gut wie möglich vor. Für mich fühlte sich die Entscheidung, obwohl ich sie bewusst getroffen hatte, nicht ganz real an. Noch nicht.

»Mama, ich werde die Masterarbeit nicht schreiben. Ich gehe in die Psychiatrie.« Diese Worte kosteten mich Mut. Ich wollte sie mit Entschlossenheit, mit Endgültigkeit sagen, gerade so, als müsste ich diese Entscheidung nicht nur vor meiner Mutter am Telefon verteidigen, sondern auch vor mir selbst.

Meine Mutter war die Erste aus meiner Familie, der ich von meiner Entscheidung erzählte. Ich hatte Angst, dass meine Eltern wütend oder enttäuscht sein würden, wenn sie hörten, dass ich meine Masterarbeit nicht fristgerecht abgeben würde, dass sie entsetzt wären, wenn sie hörten, dass es mir nicht so gut ging, wie ich es sie hatte glauben machen wollen.

Deshalb rief ich meine Mutter gleich nach dem Therapietermin an, als ich noch die unterstützenden Worte meiner Psychologin im Rücken spürte. Solch ein Thema bei einem Telefonat auf der Straße zu besprechen fühlte sich zwar seltsam an. Aber in der Nebenstraße war es ziemlich ruhig; außerdem kann die Berliner sowieso nichts mehr schockieren. Leben und leben lassen ist das Motto hier, das meine Kölner Heimatkultur zwar geprägt hat, aber das Berliner Leben bestimmt – vielleicht noch mit dem Zusatz »Und so viel wie möglich einfach ignorieren«, denn sonst überlebte man in dieser wundervoll chaotischen, aber harten Stadt auf Dauer nicht. Diese Ignoranz kam mir gerade allerdings gelegen.

Entgegen all meinen Ängsten reagierte meine Mutter auf meine Worte nicht erschrocken oder aufgebracht, sondern fast erleichtert. »Okay, das halte ich für eine gute Idee«, sagte sie schlicht.

Ich stockte und konnte es selbst nicht ganz glauben. »Äh … okay«, war die einzige Reaktion, die mir dazu einfiel, hatte ich doch damit gerechnet, dass meine Entscheidung kritisiert werden würde.

»Mir ist klar, dass es dir gar nicht gut geht, Sarah«, sagte sie. »Du kannst mir nichts vormachen.«

Ich war erleichtert, endlich offen reden zu können, und dankbar für die Unterstützung, die meine Mutter mir entgegenbrachte. Keine Vorwürfe, keine Kritik, kein Hinterfragen. Bei meinem Vater, ein Lehrer in Rente, dem meine Karriere immer schon sehr wichtig gewesen war, würde das anders sein, das wusste ich. Und was meine Schwester anging, so dachte ich, sie würde sich insgeheim an meinem Scheitern laben. Ich müsse mich für meine Entscheidung weder rechtfertigen noch schlecht fühlen, hatte meine Therapeutin gesagt, und das stimmte. Aber ich hatte es meiner Familie immer recht machen wollen und dabei größtenteils Erfolg gehabt. Mich jetzt so zu positionieren und abzugrenzen fiel mir schwer.

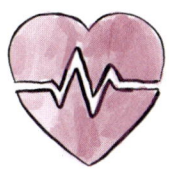

AUFBLÜHEN

EINE UNBEQUEME WAHRHEIT

Der beste Weg herauszufinden, ob du jemandem vertrauen kannst, ist, ihm zu vertrauen.

ERNEST HEMINGWAY

Mein Chef Tim war einer dieser Menschen, die einerseits eine Aura der Autorität ausstrahlen und andererseits so ein positives Gemüt haben, dass man gar nicht anders kann, als sie zu mögen. Ich wusste ihn nie richtig einzuschätzen; ob er mich mochte oder meine Arbeit als gut empfand, hätte ich nicht sagen können, zumal er neben Respekt auch ein wenig Angst in mir auslöste. Und meine Depressionen hatten meine Unsicherheit hinsichtlich meiner Arbeit nur noch vergrößert.

»Hast du heute Mittag Zeit für einen Spaziergang um die Redaktion? Ich müsste mit dir reden«, schrieb ich in unser Redaktions-Kommunikationsprogramm, obwohl Tim nur rund zwei Meter entfernt von mir am Newsdesk saß. Ich war an diesem Tag wieder für die Homepage zuständig und er der Chef vom Dienst.

»Klar, gerne. Es stehen eh Mitarbeitergespräche an. Das können wir dann direkt verbinden«, tippte er zurück.

Mein Magen krampfte plötzlich vor Aufregung. Bei uns in der Redaktion waren halbjährliche Mitarbeitergespräche jedes Vorgesetzten mit den ihm unterstellten Mitarbeitern Routine. Dabei ging es meist weniger um einseitige Kritik am Angestellten und Verbesserungsmöglichkeiten, sondern darum, den Mitarbeitern einen vertraulichen Rahmen zu geben, in dem sie über ihre Probleme oder Kritik hinsichtlich der Arbeit sprechen konnten. Mein Verstand sagte mir, dass Tim zwar sicher meine vielen Krankheitstage ansprechen würde, ich aber keine Angst haben musste. Ich wollte mit ihm ja ohnehin über meine Depressionen sprechen. Der Rest von mir bekam Panik – ich traute diesen persönlichen Gesprächen nicht so recht. Ich hatte unglaubliche Angst vor Ablehnung in Form von Kritik, Abmahnungen oder eines nicht verlängerten Vertrags. Inzwischen arbeitete ich seit anderthalb Jahren in der Redaktion und hatte eine Vertragsverlängerung überstanden. Die nächste stand erst in einem halben Jahr an, aber ich wollte gar nicht daran denken, wie meine Chancen sein würden, wenn Tim von meiner Krankheit wusste.

Als er schließlich zu mir herübernickte und fragte: »Wollen wir eine Runde drehen?«, fühlte ich mich, als wäre es ein Gang zum Galgen. Tim war etwa im Alter meiner Schwester, Mitte dreißig, schwarze Haare und Bart, immer leger in Jeans, Sneakers und T-Shirt gekleidet. Anzüge trugen die Journalisten in der Redaktion nur zu besonderen Terminen. In den Augen anderer musste er wie ein lässiger Intellektueller wirken, in meinen war er in diesem Moment eher ein verängstigender, ernster Vorgesetzter.

»Ja, Sarah ... Erst mal das Wichtigste: Wie geht es dir denn so?«, fragte er, als wir aus der Redaktion traten.

Ich sah ihn an und schnell wieder weg, als er die Frage stellte. Ein Lächeln hatte ich ihm geschenkt, aber allein schon bei der Vorstellung, was ich sagen wollte, kamen mir fast die Tränen. Ein Augenkontakt würde es nur noch schwerer machen, all das auszusprechen, was mir auf dem Herzen lag. Also sahen wir beide zu Boden.

»Puh, also ehrlich gesagt ... nicht so gut«, antwortete ich schließlich. Ich nahm einen tiefen Atemzug und sprach weiter. »Ich leide seit einigen Monaten unter Depressionen, und es geht mir momentan eher immer schlechter. Deshalb habe ich auch so oft auf der Arbeit gefehlt. Klar, ich habe auch chronische Magenprobleme, mir ist dauernd übel, ich übergebe mich oft und kann nicht richtig essen, aber es gibt viele Tage, an denen ich einfach gar nichts machen kann, weil ich depressiv bin.«

Tim nickte bedächtig. »Das tut mir leid zu hören, dass du so krank bist«, sagte er, und ich merkte, dass er seine Worte gut abwog. »Ich habe mich natürlich schon gefragt, was mit dir los ist, warum du so oft krank bist, und mir Sorgen gemacht. So warst du ja vorher nicht. Aber ich wusste nicht, dass du unter Depressionen leidest. Bist du in Therapie, und nimmst du Tabletten dagegen?« Ich bejahte. Seit einigen Jahren nahm ich in depressiven Phasen Fluoxetin, einen Serotonin-Wiederaufnahmehemmer, der mir aber dieses Mal nicht zu helfen schien. »Verstehe«, meinte er. »Weißt du, ich hatte selbst nie Depressionen, aber einer meiner besten Freunde schon. Er nimmt Medikamente dagegen und ist in Behandlung und alles. Ich bekomme ganz gut mit, wie schlecht es ihm in solchen Phasen geht und wie sehr ihn die Depressionen dann lähmen – das kann man sich kaum vorstellen, wenn man nicht betroffen ist.«

Ein paar Tränen, die ich versucht hatte, zurückzuhalten, liefen mir übers Gesicht. Mir fiel ein Stein vom Herzen, dass mein Chef so viel Verständnis zeigte und nicht etwa glaubte, ich sei verrückt geworden. Schon allein dafür war ich ihm unglaublich dankbar.

»Ich bin froh, dass du das verstehst«, sagte ich. »Meine Therapeutin hat mir geraten, in eine Klinik zu gehen, um wieder gesund zu werden. Bis ich dort aufgenommen werde, dauert es aber bestimmt einige Wochen.« Ich wollte Tim auf meine Abwesenheit vorbereiten, ihn aber nicht beunruhigen. Er stellte einige Fragen zur Aufnahme und Dauer der Behandlung wegen seiner Schichtplanungen, dann holten wir uns einen Kaffee im Coffeeshop der Redaktion und liefen weiter.

»Was heißt das denn für uns? Schaffst du es momentan, in

der Redaktion zu arbeiten?«, fragte Tim nach einer Weile. Ich erklärte ihm, was ich mit meiner Therapeutin ausgemacht hatte: Ich wollte, bis ich in die Klinik gehen würde, um die drei Schichten pro Woche arbeiten, um ein bisschen Struktur beizubehalten, Geld zu verdienen und die Redaktion nicht abrupt hängen lassen zu müssen. Er verstand, und so war es abgemachte Sache.

AUF DER SUCHE NACH HEILUNG

Wie bei einer Pflanze, die nicht weiß, ob Wasser oder Sonnenschein sie mehr beim Wachsen unterstützt haben, ist es schwierig zu sagen, ob die schweren oder die angenehmen Dinge im Leben einem am meisten geholfen haben.

LUCY LARCOM

Mitte November fuhr ich nach Köln, um mich dort in einer Klinik anzumelden. Ich hatte entschieden, die Therapie in der Nähe meiner Familie zu machen, damit sie mich zumindest zwischendurch besuchen konnte. Die Psychiatrie, die für mich zuständig war, lag auf der anderen Rheinseite, etwa fünfzehn Minuten von meinem Elternhaus entfernt, in einem schlossähnlichen ehemaligen Kloster. Um auf die Warteliste für eine Aufnahme zu kommen, musste ich mit einer der Psychiaterinnen bei der wöchentlichen offenen Sprechstunde in der Notfallambulanz der Klinik reden. Mein Vater begleitete mich dorthin. Zwar war er anfangs überrascht gewesen und hatte nicht wahrhaben wollen, dass es mir wirklich so schlecht ging und ich in eine psychiatrische Klinik musste. »Aber ich habe schon einmal ein Kind an eine Krankheit verloren, und ich werde alles dafür tun, dass das nicht noch mal passiert«, hatte er mir schließlich gesagt – sein Sohn war in den Siebzigern an einer Hirnhautentzündung gestorben. Mich, seinen Nachzügler, würde er durch die Hölle begleiten, nur um mich sicher und lebendig wieder herauszuholen, das wusste ich. Und seine Unterstützung konnte ich besonders an diesem Tag gut gebrauchen, denn ich fühlte mich wie vor einem Bewerbungsgespräch der anderen Art. Ich wusste, dass ich die mir fremde Ärztin davon überzeugen musste, krank genug zu sein, um in die Klinik aufgenommen zu werden. Gleichzeitig hatte ich Angst, eben *nicht* depressiv genug für diese Lösung zu sein – oder zumindest wollte ich mir selbst nicht eingestehen, dass ich es war. Rückblickend hätte ich mir diese Sorgen nicht machen müssen: Meine Depressionen konnte ich zu diesem Zeitpunkt kaum mehr verstecken. Meine Augen zeigten das typische leere Starren, an dem man schwer Depressive oft erkennt. Ich sprach mit tiefer, schwacher Stimme. Mit meinen zu großen Klamotten, den splissigen Haaren und meinem ungeschminkten kalkweißen Gesicht sah ich aus wie jemand, der sich für sich selbst nicht interessiert. Tatsächlich hatte ich seit Monaten kaum in den Spiegel geguckt und wenn doch, dann jemand Fremden darin gesehen. Ich hatte die Verbindung zu mir selbst verloren.

Zehn Minuten sprach ich mit der Psychiaterin über meinen Zustand, dann sagte sie mir, sie würden mich auf die Warteliste setzen.

Einige Tage später hatte ich einen Termin für eine Magenspiegelung. Bei der Untersuchung wurde festgestellt, dass meinem Magen außer einer Neigung zum Reflux nichts fehlte. Keine Magenschleimhautentzündung, keine Verformungen, nichts. Meine monatelangen Magenschmerzen, so schloss der Arzt, waren einzig und allein auf meine Psyche zurückzuführen. Ich hatte diese Diagnose erwartet; gleichzeitig war sie auch niederschmetternd. Denn kein Magenmedikament und keine OP, sondern nur psychische Heilung würde mir helfen können. Das Ergebnis war der wohl letzte Weckruf, den ich brauchte, um mir klarzumachen, dass ich ernsthaft krank war.

In der darauffolgenden Woche fuhr ich mit meinem Vater mit dem Auto nach Berlin. Er wollte meine Pflanzen zu sich holen, damit sie über die Zeit hinweg, die ich in der Klinik war, auch gut versorgt wurden. Mein Vater ist ein Hobbygärtner mit dem grünsten Daumen, den ich kenne. Er lebte mir schon früh die Liebe für alles Lebendige vor und pflegte jedes Pflänzchen mit Sorgfalt und Hingabe. Die Gärten, die er anlegte, waren immer eine Augenweide. Vor allem im Sommer genoss ich die bunten Blüten und ihren süßlichen, frischen Geruch, während mein Vater in akribischer Kleinarbeit das Moos aus dem Rasen holte. Während seine Gartenpflanzen vielfältig waren, standen bei ihm zu Hause bis vor Kurzem allerdings nur Efeututen, Grünlilien und Drachenbäume – Pflanzen, die vor dreißig Jahren in keinem deutschen Spießerhaushalt fehlen durften und die ich bis heute – entschuldige bitte, Papa – in ihrer normalen Form stinklangweilig finde. Nichtsdestotrotz hat er mir viel Know-how aus seinen Jahrzehnten als Pflanzenliebhaber mitgegeben und oftmals Geduld angemahnt, wenn etwas nicht so wollte, wie ich wollte.

Seit dem Beginn meiner Leidenschaft hatte sich meine Berliner Wohnung von einer Studentenbude in einen kleinen *Urban Jungle* verwandelt: Pflanzen zierten nicht mehr nur die Wand neben meinem Bett, sondern auch die Plätze vor dem Fenster mit meinem Schreibtisch dazwischen, die Fensterbank in der Küche, Schränke und Tische. Ich hatte seit meinem Baumarktbesuch einige grüne Lieblinge gekauft und mit jedem einzelnen meine Wohnung ein kleines bisschen lichtvoller gemacht. Sie hielten mich mit ihrer Lebendigkeit in dieser Welt, sosehr mein Inneres auch aus ihr entfliehen wollte.

Kaum in Berlin angekommen, erhielt ich einen Anruf von der Klinik: Schon Ende der Woche könne ich kommen. Ich war freudig und geschockt zugleich. Das bedeutete eine Menge Packstress, um so schnell wie möglich nach Köln zurückzufahren. Außerdem würde ich meine restlichen Schichten in der Redaktion in diesem Monat nicht wahrnehmen können – wie sollte ich das meinem Chef erklären?

Mit Sorgfalt packten wir nach und nach viele meiner Schätzchen in Kisten, um sie im Kombi meines Vaters verstauen zu können. Einige hart gesottene Pflanzen wie meine große Dieffenbachie Lady Di, Kakteen und Efeu ließen wir dort. Um diese wollte sich mein Kumpel Julian kümmern, der den Schlüssel zu meiner Wohnung hatte und sich bereit erklärt hatte, ab und an bei mir vorbeizuschauen und den Briefkasten zu leeren. Mit zwei Koffern und meinen übrigen Pflanzen war das Auto meines Vaters schließlich bis zum Rand gefüllt. Dicht an dicht standen meine Lieblinge auf und vor den Rücksitzen, im Kofferraum und sogar auf den Koffern. Hätte die Polizei uns angehalten, und wir hätten erzählt, dass wir einen Blumenladen eröffnen würden – sie hätten uns bestimmt geglaubt.

Kurz vor unserer Rückfahrt nach Köln schrieb ich meinem Chef eine lange E-Mail, in der ich ihm alles erklärte. Als wir Berlin gerade verließen, sah ich seine Nummer auf dem Display und nahm das Gespräch an. Selbstzweifel hatten mich zwar immer geplagt, aber nie zuvor hatte ich eine solche Angst gehabt, meinen Job in der Redaktion zu verlieren. Im Gespräch war Tim verständnisvoll gewesen – aber was jetzt, da ich mindestens einen Monat oder länger ausfallen würde? An die Einzelheiten des Telefonats kann ich mich heute kaum mehr erinnern, weil ich schon nach seinem ersten Satz in Tränen der Erleichterung ausbrach. In etwa sagte er: »Sarah, ich will, dass du weißt, dass deine Gesundheit vor allem anderen steht. Mach dir keine Sorgen um die Redaktion – wir kriegen das hin! Du musst dich jetzt erst mal um dich selbst kümmern.« Das Wichtigste und für mich Unglaublichste war, dass er mich nicht loswerden wollte, sondern im Gegenteil noch unterstützte. Es bedeutete in diesem Moment, in dem ich dachte, mein Leben an die Wand gefahren zu haben, die Welt für mich.

Kapitel 2:
WIE WERDEN WIR GUTE PFLANZENELTERN?

EIN TEIL DER NATUR

Viele Menschen, mit denen ich rede, sagen mir, sie »können nicht mit Pflanzen«. Die Wahrheit ist: Mit ein bisschen Wissen und einer Prise Interesse kann nicht viel schiefgehen. Pflanzen sind seit der Entstehung der Erde ein Teil der Natur – anfangs als einzellige Lebewesen in den Ozeanen, die mittels Fotosynthese Einfluss auf die Atmosphäre nahmen, und seit vermutlich rund vierhundertfünfzig Millionen Jahren auch als Landbesiedler. Pflanzen sind im wahrsten Sinne des Wortes das Natürlichste der Welt und deshalb etwas, das uns keine Angst machen sollte. Nur leben wir oftmals mental und physisch so weit von der Natur entfernt, dass sie uns fremd vorkommt. Wir müssen uns also erst rückbesinnen.

In diesem Kapitel bekommt ihr alles notwendige Wissen für euren Anfang als Pflanzeneltern. Und um euch zusätzlich den Einstieg leichter zu machen, habe ich ein paar Weisheiten einer Pflanzenmama gesammelt:

◆ Ich will dir nichts vormachen: Die ein oder andere Pflanze wird sterben. Auch mir sind schon ein paar meiner geliebten grünen Babys eingegangen, manchmal wegen meiner eigenen Fehler, wegen Krankheiten oder Schädlingen, manchmal aber auch einfach so. Das passiert nun mal und sollte dir nicht den Mut nehmen. Pflanzeneltern zu sein heißt eben auch, Fehler zu machen und Schritt für Schritt mehr über die grünen Lieblinge zu lernen, um besagte Fehler möglichst nicht noch mal zu begehen. Am besten schaffst du dir als Anfänger zunächst nur Pflänzchen an, die leicht zu ersetzen sind.

◆ Klingt logisch, sorgt aber bei vielen immer wieder für Verunsicherung: Alte Blätter sterben irgendwann ab. Das ist bei Zimmerpflanzen genauso wie draußen in der Natur. Deine Pflanze wird sich auch all der Blätter entledigen, die nicht genug Licht bekommen, beispielsweise weil sie mit einer Seite zur Wand steht. Nur weil dein Pflänzchen also ein verschrumpeltes oder gelbes Blatt hat, heißt das nicht gleich, dass etwas nicht stimmt. Das ist lediglich dann der Fall, wenn plötzlich ganz viele Blätter eingehen. Ansonsten heißt es: Ruhe bewahren und abschneiden. Warte bei gelb werdenden Blättern aber ab, bis all ihr Grün verschwunden ist, bevor du sie entfernst. Die Pflanze zieht das Chlorophyll heraus und bekommt dadurch mehr Kraft.

- Generell gilt bei Pflanzen: *Keep calm and carry on!* Ihr müsst nicht auf jede Veränderung sofort reagieren. So wie absterbende Blätter nicht unbedingt das Sterben der Pflanze bedeuten, sind auch herabhängende Blätter oder ein langsamer Wuchs nicht sofort Grund zum Handeln. Wer aus Besorgnis direkt eine Extradosis Dünger oder Wasser hinterhergießt oder einen immer neuen Standort sucht, riskiert viel mehr den Tod des grünen Lieblings. Habt ein wenig Geduld und keine Panik, beobachtet euer Pflänzchen und handelt dann.

- Bring den Speziesnamen deiner Pflanzen in Erfahrung! Ich kenne das Gefühl, eine schöne Zimmerpflanze im Supermarkt zu sehen und sie mitnehmen zu wollen. Nicht selten steht auf dem Label bloß: *Grünpflanze, 3,99 €*. Wie aufschlussreich! Wenn du nicht weißt, was es für eine Pflanze ist, der Verkäufer dir auch nicht weiterhelfen kann und du keinen Pflanzen-Geek unter deinen Freunden hast, nimm sie bitte nicht mit! Du musst dich zumindest über die spezifischen Bedürfnisse deines Pflänzchens informieren können – und das geht nur, wenn du eine Ahnung hast, was du dir da nach Hause holst. Sonst ist es durchaus möglich, dass dein Pflanzenkauf mit dem Tod des grünen Lieblings und einer großen Enttäuschung endet.

- Du hast Angst, deine Zimmerpflanze völlig zu vergessen und verkümmern zu lassen? Stelle deine ersten Pflänzchen an einen Platz in deiner Wohnung, an dem du dich oft aufhältst oder den du regelmäßig betrachtest. Mit Pflanzen wird dieser nur noch schöner. Außerdem hilft ein Alarm oder ein Kalendereintrag im Handy – am besten mehrmals pro Woche.

PFLANZENKINDER ADOPTIEREN:
Wo finde ich schöne Zimmerpflanzen?

Pflanzenshopping ist toll! Es gibt kaum etwas Schöneres, als durch eine gute Gärtnerei zu laufen, in den Regalen und auf den Tischen mit den vielen Pflanzen zu stöbern, ein Traumexemplar zu entdecken und es stolz mit nach Hause zu nehmen. Fast genauso toll ist es, auf einer Raritätenwebseite eine seltene Pflanze vor anderen Liebhabern zu ergattern. Schöne Zimmerpflanzen kann man sowohl im Laden als auch im Internet finden, wenn man weiß, worauf man achten sollte. Als neue Pflanzeneltern oder solche, die es werden wollen, enden jedoch die meisten, so wie ich damals, zuerst im Blumenladen oder im Baumarkt. Das ist gar nicht schlecht für den Start, denn auf diese Weise lässt man oft das Gefühl entscheiden, welche Pflanze es denn sein soll. Dennoch hilft ein bisschen Vorwissen immens, um schöne und vielleicht sogar ganz besondere Pflanzen zu finden und das eigene Zuhause mit Leben zu erfüllen.

OFFLINE

⇒ Meine Lieblingsgärtnerei ist mein *happy place*, besonders an schlechten Tagen. Dazu muss ich noch nicht einmal etwas einkaufen – allein durch die vielen schönen Pflanzen zu spazieren, die gute Luft zu riechen, interessant aussehende Exemplare anzufassen und mich an ihrer aufregenden Vielfalt zu erfreuen tut meinem Kopf unglaublich gut. Ich kann euch deshalb nur empfehlen, die Gärtnereien in eurer Umgebung zu erkunden. Viele haben sogar sonntags geöffnet. Gärtnereien haben nicht nur eine recht große Auswahl an Pflanzen, sondern pflegen diese dank des Fachwissens ihrer Mitarbeiter tendenziell auch besser als beispielsweise Supermärkte. Wenn ihr also eine bestimmte, mehr oder weniger gängige Pflanzenart von guter Qualität sucht, ist die Gärtnerei der beste Anlaufpunkt. Das Sortiment ändert sich je nach Jahreszeit und Zulieferer immer wieder, deshalb lohnen sich häufige Besuche. Ab und an könnt ihr sogar mit seltenen Pflanzen rechnen – das ist aber eher Glückssache. **GÄRTNEREI**

⇒ Während Blumenläden oftmals nur Schnittblumen anbieten, gibt es in Pflanzenläden zusätzlich eine kleine, je nach Besitzer mehr oder weniger besondere Auswahl an Topfpflanzen. Ich liebe diese Geschäfte vor allem wegen der meist guten Beratung, die man dort bekommt. Gerade als neue Pflanzenmama hat mir das Fachwissen der Mitarbeiter sehr geholfen: Ob es nur der Name der ausgesuchten Pflanze ist, die Lichtbedingungen, die sie braucht, oder Dünge- und Gießempfehlungen – zu alldem solltest du in diesen Läden eine Antwort bekommen. **PFLANZEN-LADEN**

Außerdem findet man in kleineren Fachgeschäften häufig ausgefallenere, coolere Töpfe und andere Accessoires als in großen Märkten.

**BAU-
MARKT**

▶▶ In den meisten Baumärkten findet sich eine gute Auswahl an gängigen Zimmerpflanzen. Beliebte und gewöhnliche Pflanzenarten wie beispielsweise Monsteras, Sansevierien und Calatheen solltest du dort kaufen können, speziellere Pflanzen wie samtige Anthurien oder seltenere Philodendren eher nicht. Da ich die Erfahrung gemacht habe, dass in den meisten Baumärkten die Beratung zu Zimmerpflanzen recht dürftig ist, empfehle ich, am besten vorher – oder notfalls im Markt, wenn du eine Traumpflanze entdeckst – selbst zu recherchieren, welche gängigen Pflanzen für dein Zuhause ideal wären und welche Pflege sie brauchen. Außerdem solltest du gut auf den Zustand der Pflanzen achten – weil Baumärkte keine Fachpflanzengeschäfte sind, kommt die Pflege dort manchmal zu kurz, und das sieht man den Pflanzen an. Worauf genau du achten solltest, erkläre ich dir später in diesem Kapitel.

**PFLANZEN-
MÄRKTE
UND
-EVENTS**

▶▶ Weil Zimmerpflanzen immer beliebter werden, gibt es mehr und mehr Veranstaltungen rund um das Thema. In Pop-up-Stores, bei Pflanzentäuschen (sogenannten *plant swaps*) oder auf Pflanzenmärkten können Pflanzenliebhaber schöne, teils seltene Exemplare oder Ableger zu fairen Preisen von anderen Pflanzeneltern oder Fachhändlern ergattern und gleichzeitig tolle Menschen kennenlernen, die dasselbe Hobby haben. Viele botanische Gärten bieten zudem mehrmals im Jahr Pflanzenmärkte an, in denen auch Raritäten verkauft werden. Diese Events und Märkte werden vor allem in sozialen Medien beworben – taucht also ein bisschen in die Pflanzen-Community ein und haltet eure Augen offen!

ONLINE

WEB-SEITEN

▶▶ Es gibt eine Reihe von sehr guten Pflanzenwebseiten, auf denen ihr eure grünen Lieblinge ohne Bedenken bestellen könnt. Die Online-Auftritte von Gartencentern, Baumärkten oder renommierten Fachhändlern sind eine sichere Wahl. Ich selbst bestelle sehr gerne bei mittelgroßen Anbietern aus den Niederlanden – dem Pflanzenland schlechthin –, weil sie insgesamt eine interessantere Auswahl als große Märkte und öfter auch seltene Pflanzen zum Verkauf haben. Außerdem liebe ich die unabhängigen, kleinen, hippen Pflanzenanbieter online, die nicht nur mit einer feinen Auswahl toller Pflanzen, sondern auch mit ungewöhnlichen Accessoires punkten. Generell gilt beim Kauf im Internet immer: Lest euch vorher Bewertungen von anderen Kunden durch, um eine Ahnung davon zu bekommen, ob ihr bei diesem Händler ohne Bedenken kaufen könnt. Außerdem müsst ihr euch bewusst sein, dass in den allermeisten Fällen der Händler die Pflanze auswählen wird, die euch zugeschickt wird, und nicht ihr. Wenn ihr also beispielsweise eine Monstera kauft, werdet ihr nicht genau die Pflanze bekommen, die auf der Webseite abgebildet ist, sondern einfach eine der Monsteras, die der Händler vorrätig hat. Das ist der vielleicht größte Makel am Online-Pflanzenshopping: Ob die Form und der Zustand der Pflanze, die ihr letztendlich bekommt, euch gefallen, könnt ihr vorher nicht wissen. Allerdings habt ihr beim Kauf auf einer Webseite immer ein Rückgaberecht, das ihr im Fall der Fälle nutzen könnt.

ONLINE-MARKT-PLÄTZE

▶▶ Online-Marktplätze sind eine großartige Fundgrube für alle Pflanzen von gängig bis rar und damit ein toller Ort für Pflanzenneulinge wie auch für Liebhaber und Sammler. Hier rate ich euch, die Preise genau zu beobachten: So mancher Anbieter stellt Pflanzen für horrende Preise ein in der Hoffnung, dass jemand nicht über den wahren Wert Bescheid weiß und willens ist, den Preis zu zahlen. Da hilft nur vergleichen und abwägen. Allerdings habe ich auch schon einige Pflanzenschnäppchen auf Online-Marktplätzen ergattert. Es lohnt sich, erst einmal verschiedene Angebote eurer Wunschpflanze im Auge zu behalten, um einen Eindruck für ihren Marktwert zu bekommen, und dann zu bieten oder dem Verkäufer schriftlich ein Angebot zu machen. Weil viele Privatanbieter auf Online-Marktplätzen keine Rücknahmen akzeptieren, schlagt nur zu, wenn die Pflanze auf den Bildern gesund aussieht, und lasst euch, wenn möglich, auch ein Foto ihrer Wurzeln schicken, um deren Zustand einschätzen zu können. Wenn ihr ein schlechtes Gefühl bei dem Verkäufer habt, lasst die Pflanze lieber ziehen. Eine andere ihrer Art kommt in den allermeisten Fällen ganz bestimmt!

SOZIALE MEDIEN

▶▶ Auf Facebook gibt es einige deutschland- und europaweite Gruppen, in denen Pflanzen verkauft und getauscht werden. Hier bieten vor allem private Sammler bewurzelte Ableger ihrer grünen Lieblinge oder ganze Pflanzen an. Besonders in solchen Gruppen, in denen ausschließlich seltenere Exemplare verkauft oder getauscht werden, kannst du dir recht sicher sein, dass du eine Pflanze von einem Liebhaber bekommst und sie in einem dementsprechend guten Zustand ist. Auf den Bildern wirst du immer genau die Pflanze sehen, die du auch erhältst, daher kannst du dir auch selbst einen guten Eindruck über den Zustand machen. (Falls die Bilder dafür nicht ausreichen sollten, frage nach weiteren.) Wenn du in solchen Gruppen kaufst, kannst du dir außerdem recht sicher sein, dass du an einen ehrlichen Verkäufer gerätst. Die Administratoren stecken viel Mühe darein, die schwarzen Schafe aufzudecken und schnell aus den Gruppen zu entfernen sowie dafür zu sorgen, dass Käufer ihre gewünschte Ware bekommen oder ihr Geld zurückerhalten. Die Preise können manchmal in die Hunderte gehen, aber sie sind in den meisten Fällen angemessen im Hinblick auf die Rarität der Pflanze. Oftmals bekommt man die Pflanzen dort für einen niedrigeren Preis als auf Online-Marktplätzen, bei denen sich viele Verkäufer die Beliebtheit der selteneren Pflanzen zunutze machen.

Auch auf Instagram bieten einige Nutzer Pflanzen an. Hierbei solltet ihr unbedingt vorher darauf achten, woher der Verkäufer kommt (siehe unten), und andere Nutzer, die bei dem Anbieter schon Pflanzen gekauft haben, nach ihren Erfahrungen fragen. Die Pflanzen-Community auf Instagram wächst und wächst, aber sie ist trotzdem eine kleine Welt – ihr werdet mit Sicherheit jemanden finden, der euch eine Einschätzung geben kann.

EXTRATIPPS FÜR DEN ONLINE-KAUF

➤➤ Auch bei Onlinekäufen solltest du bei Ankunft deiner Pflanze die unten beschriebenen Qualitätschecks durchführen und sie gegebenenfalls zurückschicken. Je nachdem, wo du online kaufst, kannst du vorher schon Bilder der eigentlichen Pflanze und ihrer Wurzeln sehen und so nachprüfen, ob sie gesund ist. Besonders wichtig ist es, nur Pflanzen bei renommierten, vertrauenswürdigen Internethändlern zu bestellen. Lies dir vorher auf Bewertungsportalen, auf der Facebook-Seite des Händlers oder auf Instagram die Erfahrungen anderer Käufer durch, damit du weißt, worauf du dich einlässt. Das gilt auch für Privatauktionen auf Online-Marktplätzen oder in Gruppen und Foren. Mit der Zeit wirst du Onlinehändler deines Vertrauens finden.

Wichtig zu wissen ist auch, dass es strikte Einfuhrbestimmungen gibt. Jeder Pflanze, die ihr von außerhalb der EU kauft, muss ein Pflanzengesundheitszeugnis im Paket beigelegt werden. Liegt das nicht vor, wird sie vom Zoll entweder an den Versender zurückgeschickt oder zerstört. Bei Weitem nicht jeder ausländische Händler kann solche Gesundheitszeugnisse vorweisen – außerdem kosten sie recht viel Geld, was häufig auf den Kaufpreis aufgeschlagen wird.

Zusätzlich solltet ihr bedenken, dass der Transport aus Ländern außerhalb der EU oftmals lange dauert und die Pflanze sehr in Mitleidenschaft ziehen kann. Per teurer Expresslieferung kann eine Pflanze aus den USA durchaus in drei bis fünf Tagen bei euch sein – eine Reise, die sie aushalten kann –, aber ich habe schon von Bestellungen aus Asien gehört, bei denen das Paket drei Wochen unterwegs war. Bei der Ankunft waren die Pflanzen natürlich tot. Von Käufen mit solchen Lieferzeiten rate ich euch also ganz dringend ab, wenn ihr Freude am Pflanzenshopping haben wollt.

Und noch eine deutliche Warnung möchte ich euch geben: Online findet man viele Verkäufer von Pflanzensamen. Daraus sollen seltene, manchmal variegierte oder sogar blaublättrige Pflanzen wachsen. Häufig – das habe ich bei mehreren meiner Pflanzenfreunde miterlebt – handelt es sich eher um Kresse oder eine ganz gewöhnliche Pflanze. Also bitte Finger weg von solchen Pflanzensamen! Viele Variegationen können gar nicht durch Samenzucht weitervererbt werden, und blaue Blätter gibt es in der Natur nicht. Das, was diese Händler tun, ist in den allermeisten Fällen Betrug.

Mein Scindapsus Treubii Moonlight

QUALITÄTSCHECK:
Wie sieht eine gesunde Pflanze aus?

Wenn wir neue Pflanzen in unser Zuhause holen, sollten sie gesund und kräftig sein. Ja, auch ich habe schon ein paar Mal kränkelnde Exemplare aus der Gärtnerei oder dem Baumarkt gerettet, weil sie mir so leidtaten, aber generell ist das keine brillante Idee. Einfacher ist es, mit einer vollkommen gesunden Pflanze zu starten, denn die Umstellung, die sie beim Einzug in dein Zuhause durchleben muss, wird sie ohnehin genug Kraft kosten. Um sicherzugehen, dass deine Wunschpflanze gesund ist, solltest du vor dem Kauf die folgenden Checks durchführen:

- **Sehen die Blätter gut aus?** Braune, gelbe, fleckige oder verkümmerte kleine Blätter deuten auf Probleme hin – nimm solch eine Pflanze lieber nicht mit! Wenn hingegen ein oder mehrere neue Blätter wachsen, kann das ein gutes Zeichen sein.

- **Sind die Wurzeln stark?** Hebe deine Wunschpflanze, wenn irgendwie möglich, vor dem Kauf aus dem Topf und inspiziere ihre Wurzeln. Ja, das darfst du in jedem Pflanzengeschäft – schäme dich also nicht! Je nach Pflanze sind sie unterschiedlich dick und gefärbt – was sie aber definitiv nicht sein sollten, ist braun und matschig. Wenn das der Fall ist, kaufe die Pflanze lieber nicht.

- **Siehst du Schädlinge?** Hierbei solltest du sowohl auf das Erdsubstrat als auch auf die Blätter achten. Wenn du weiße oder dunkle Punkte auf der Blattoberseite oder -unterseite findest (sieh dir unbedingt beide Seiten an) oder kleine Viecher im

Topf herumkrabbeln oder -springen, lass die Pflanze lieber stehen, und weise einen Mitarbeiter auf den Befall hin.

◆ **Quarantäne:** Viele Pflanzenliebhaber stellen ihre Neulinge nach der Ankunft für mindestens eine Woche weit abseits ihrer anderen Pflanzen, quasi in Quarantäne, um sie erst einmal beobachten zu können und bei möglichen Krankheiten oder Schädlingen eine Ausbreitung zu verhindern.

DAS LEBENSELIXIER FÜR PFLANZENKINDER:
Sonne im Herzen und auf den Blättern

Noch mehr als Wasser und Dünger braucht jede Pflanze Licht als Grundnahrung. Denn Pflanzen leben durch Fotosynthese. Diese funktioniert im Groben so: Wenn ein Lichtteilchen auf das Chlorophyll der Blätter fällt, startet eine Reaktion zwischen Kohlenstoffdioxid in der Atmosphäre und dem in den Blättern enthaltenen Wasser, woraus Sauerstoff und Kohlenhydrate entstehen. Die Kohlenhydrate nutzt die Pflanze für ihr Wachstum, den Sauerstoff stößt sie aus und produziert damit frische Luft. Ohne Licht könnten Pflanzen diesen Prozess nicht ausführen und müssten hungern. Wenn eine Pflanze kein Licht bekommt, staut sich das durch die Wurzeln aufgenom-

mene Wasser in den Zellen an, ohne verarbeitet zu werden – auf Dauer verfault und stirbt die Pflanze.

Die meisten unserer Zimmerpflanzen kommen aus den Tropen, wo sie am Boden oder auf Ästen wachsen. Das Sonnenlicht, das auf sie fällt, wird durch die Blätter der hohen Bäume gefiltert. Deshalb gedeihen sie zu Hause am besten mit indirektem hellen Licht – wie es so oft als Empfehlung auf den Schildchen heißt, die in unseren in der Gärtnerei gekauften Pflanzen stecken.

Aber was heißt »indirektes helles Licht«? Wie soll ich wissen, ob meine Pflanze genug Licht bekommt? Das menschliche Auge ist nicht darauf ausgelegt, Lichtstärken einschätzen zu können, sondern darauf, so viel wie möglich wahrzunehmen. Wir schätzen deshalb etliche Lichtsituationen heller ein, als sie eigentlich in Lichtstärke gemessen sind. Wir können in sehr dunklen, lichtarmen Situationen noch sehen, in denen eine Pflanze jedoch längst nicht genug Fotosynthese betreiben kann, also zu wenig Nahrung bekommt.

Als Pflanzeneltern ist es wichtig, dass wir mit der Zeit lernen, Licht einzuschätzen. Eine gute Faustregel besagt: Wenn ich an der Stelle, an der meine Pflanze steht, tagsüber jederzeit ohne Schwierigkeiten ein Buch lesen kann, ohne eine Lampe anzumachen, ist es hell genug. »Genug« heißt allerdings nicht optimal: Denn je mehr Licht eine Pflanze bekommt, desto besser kann sie wachsen. Bei »genug Licht« überlebt sie zwar, wird aber niemals die Schönheit sein, die sie bei mehr Licht sein könnte. Man sollte es mit dem Licht natürlich auch nicht übertreiben: Denn bekommt ein Pflänzchen zu viel direktes Licht, verbrennen ihre Blätter. Zimmerpflanzen und Licht sind tatsächlich eine Wissenschaft für sich. Aber es klingt komplizierter, als es ist – mit ein bisschen Übung und einem kleinen Helfer findet man schon bald das richtige Plätzchen für den grünen Liebling.

LICHT EINSCHÄTZEN UND MESSEN

➟ Es gibt große Unterschiede in der Intensität von direktem, indirektem oder Tageslicht. Direktes Licht heißt, dass die Pflanze in unmittelbarer Sichtlinie zur Sonne steht – so bekommt sie die höchstmögliche Lichtintensität. Bei indirektem Licht fällt das Sonnenlicht durch etwas anderes hindurch, bevor es auf die Pflanze trifft, wie beispielsweise einen halb transparenten Vorhang, Bäume oder etwa durch eine spiegelnde Oberfläche. Dadurch wird das Licht gefiltert und ist nicht ganz so intensiv. Tageslicht hingegen bedeutet, dass die Pflanze zwar den Himmel sieht, aber nicht die Sonne. Wenn wir in diesen Kategorien denken, können wir grob einschätzen, wie viel Licht die Pflanze an ihrem jeweiligen Platz bekommt.

Im Folgenden sehen wir uns genauer an, welche Bedingungen welche Lichtintensität bedeuten und wie gut verschiedene Pflanzenarten unter ihnen gedeihen.

Dabei wird auch von Lux die Rede sein, eine Einheit, die mit Lichtmessgeräten bestimmt werden kann und die Beleuchtungsstärke angibt, die auf eine Fläche trifft – in unserem Fall die Blätter. Diese Gadgets sind gerade am Anfang deiner Karriere als Pflanzenmama oder -papa praktische Helfer, wenn du noch nicht so recht weißt, welcher Platz für deine grünen Lieblinge wohl gut wäre. Online sind für diesen Zweck mehr als ausreichende Lichtmesser für zwanzig bis dreißig Euro erhältlich. Es gibt auch Handy-Apps, die mehr oder weniger zuverlässig die Lichtintensität messen. Ich selbst setze lieber auf mein etwas ausgefallenes gelbes Messgerät aus dem Internet, das mich an alte Nokias erinnert und eine Art Teletubby-Antenne hat. Es hat mich bei der Platzsuche für meine grünen Babys noch nie im Stich gelassen!

Volle Sonne: Die Sonne befindet sich von der Pflanze aus gesehen in direkter Sichtlinie für so viele Stunden wie möglich am Tag. Das entspricht einer Lichtintensität von fünfundachtzigtausend Lux oder mehr. Nur Kakteen halten es bei diesen Bedingungen aus – alle anderen Pflanzen würden Verbrennungen davontragen.

Partielle Sonne: Die Sonne befindet sich von der Pflanze aus gesehen in direkter Sichtlinie für vier bis sechs Stunden pro Tag (fünfundachtzigtausend Lux oder mehr). Den Rest des Tages bekommt die Pflanze indirektes Licht, also mindestens achttausendfünfhundert Lux. Sukkulenten und Kakteen fühlen sich in partieller Sonne wohl. Einige wenige tropische Pflanzen wie beispielsweise Anthurien tolerieren diese Lichtbedingungen.

Schatten: Die Sonne befindet sich in direkter Sichtlinie zur Pflanze für null bis vier Stunden pro Tag; den Rest des Tages bekommt sie indirektes Licht. Das entspricht etwa achttausendfünfhundert Lux über so viele Stunden wie möglich. Bei diesen Lichtbedingungen wachsen die meisten Zimmerpflanzen sehr gut. Sukkulenten und Kakteen würden überleben, hätten aber lieber mehr Licht.

Mittelhelles bis helles indirektes Licht: Die Sonne befindet sich in direkter Sichtlinie zur Pflanze für null bis vier Stunden am Tag; die Pflanze bekommt indirektes Licht über den Rest des Tages. Die Lichtintensität liegt hierbei zwischen viertausend und achttausendfünfhundert Lux. Das sind die perfekten Lichtbedingungen für die meisten Zimmerpflanzen mit Blättern. Sie sorgen für schnelles, gutes Wachstum.

Wenig Licht: Die Sonne ist nie in direkter Sichtlinie zur Pflanze, aber diese bekommt den ganzen Tag über indirektes Sonnenlicht. Das entspricht einer Lichtintensität von zweitausend bis viertausend Lux über so viele Tagesstunden wie möglich. Die meisten Blattpflanzen werden unter diesen Bedingungen gut wachsen. Kakteen und Sukkulenten würden allerdings eingehen.

Fast kein Licht: Die Pflanze steht weit weg von Fenstern und ist nie in direkter Sichtlinie zur Sonne. Sie bekommt wenig Licht, maximal tausend Lux, in den Tagesstunden. Wenige Pflanzen überleben unter diesen Bedingungen. Ausnahmen sind Sansevierien, Efeututen, Zamioculcas und manche Philodendren, aber hier liegt die Betonung auf »überleben«. Gedeihen würden auch sie besser mit mehr Licht.

Himmelsrichtungen:
Wie viel Licht fällt durch mein Fenster?

Für Pflanzeneltern ist es wichtig zu wissen, in welcher Himmelsrichtung die Fenster in unserem Zuhause liegen. Je nach Ausrichtung fällt nämlich unterschiedlich helles Licht durch die Fenster, das je nach Pflanze zu stark oder zu schwach sein könnte. Kompass-Apps können dir bei der Bestimmung der Himmelsrichtungen helfen, wenn du keinen richtigen Kompass hast.

Norden: Mittelhelles indirektes Licht.

Nordosten: Mittelhelles indirektes Licht, je nach Jahreszeit direktes Licht am Morgen.

Nordwesten: Helles indirektes Licht.

Osten: Direktes Sonnenlicht am Morgen, sonst helles indirektes Licht.

Süden: Helles indirektes Licht.

Südosten: Helles indirektes Licht.

Südwesten: Helles indirektes Licht, direktes Sonnenlicht am Nachmittag.

Westen: Helles indirektes Licht, direktes Sonnenlicht am Nachmittag.

Diese Angaben gelten für die nördliche Hemisphäre.

Das »Kinderzimmer« einrichten:
ERDE MACHT GLÜCKLICH

Es ist genauso offensichtlich wie oft übersehen, aber Erde ist nicht gleich Erde. Was für den Garten entscheidend ist, gilt auch für Zimmerpflanzen: Nicht jede Pflanze gedeiht in derselben Erde gleich gut – Tropenpflanzen brauchen beispielsweise andere Erde als Kakteen. Es ist eigentlich logisch, und doch begnügen wir uns häufig mit der Standarderde aus dem Supermarkt oder Baumarkt. Auch ich topfte meine ersten grünen Babys zunächst in einfache Supermarkterde – und machte mir damit nicht nur das Gießen schwer, weil das Wasser nicht so recht abfließen wollte, sondern holte mir auch meine ersten Trauermücken in die Wohnung (eine Plage für jeden Indoor-Gärtner). Mit der Zeit fand ich heraus, welche unterschiedlichen Zutaten in gute Pflanzenerde gehören, welche Eigenschaften sie haben und welche Pflanzen welche Erdeigenschaften am liebsten mögen. Ich fing an, meine eigene Erde anzumischen – etwas, das ich heute als eine der heilsamsten Tätigkeiten gegen Stimmungstiefs empfinde. Der Geruch der Erde und des Mooses beruhigt mich aus einem mir unerfindlichen Grund ungemein. Beim Anmischen bemesse ich die Anteile der einzelnen Zutaten in Hand-Portionen und vermische sie anschließend mit den Händen. Manche Menschen empfinden das als eklig und mögen es nicht, wenn die Hände so dreckig werden – dann helfen Haushaltshandschuhe. Ich hingegen erspüre unglaublich gerne die Konsistenz der Erde und mische sie deshalb am allerliebsten ohne Handschuhe. Es regt in mir ein gewisses Kindheitsgefühl an und Erinnerungen an Tage im Matsch und in der Natur. Es öffnet mein Herz und erdet mich im wahrsten Sinne des Wortes im gegenwärtigen Moment.

Mein positives Gefühl beim Anfassen der Erde ist aber weit

mehr als eine kindliche Rückerinnerung: Dass der Kontakt mit Erde gut für unsere Seele ist, haben auch Studien herausgefunden. Dafür soll Forschern zufolge vor allem das im Boden lebende Mycobacterium vaccae verantwortlich sein. Wenn wir mit ihm in Kontakt kommen, kann es Neuronen aktivieren, die für die Produktion des Glückshormons Serotonin zuständig sind. Die Wirkung des Bakteriums ist laut den Forschungsergebnissen ähnlich wie die von Antidepressiva – also vor allem eine verbesserte Laune und mehr Energie. In vorherigen Studien beobachteten Forscher ein gesteigertes Wohlbefinden und Schmerzlinderung bei Krebspatienten nach dem Kontakt mit dem Erdbakterium.

Erde zu spüren, ihren Geruch einzuatmen, in ihr zu graben oder eben das richtige Erdsubstrat für unsere Pflanzen mit den Händen anzumischen ist also nicht nur gefühlt, sondern wirklich gut für unsere Gesundheit. Neben unserer Laune verbessert der Kontakt mit Erde und der Natur im Allgemeinen auch unser Immunsystem.

Ich habe erst nach und nach herausgefunden, welche Zutaten in gute Pflanzenerde gehören. Fast jeder Zimmerpflanzenliebhaber schwört auf seine eigenen Mischungen. Die folgenden Bestandteile und Rezepte sind also ganz gewiss nicht die einzigen guten Erdmischungen, aber es sind die, mit denen ich arbeite und die meine Pflänzchen lieben.

Erdsubstrat: Ja, wirklich – es gibt bessere und schlechtere Erde. Zwar findet man Blumenerde immer und überall, aber längst nicht in jedem Substrat werden die grünen Schätzchen gut wachsen. Ich habe der einfachen Erde aus dem Supermarkt nach schlechten Erfahrungen abgeschworen und verwende seitdem nur noch teurere Markenerde für meine Pflanzen. Diese ist oft schon mit Perliten, Kokostorf oder anderen Zusätzen angereichert, die die Konsistenz und Belüftung verbessern. Außerdem ist sie meist nährstoffreicher oder bereits vorgedüngt. Das heißt allerdings auch, dass man mit dem Düngen nach dem Umtopfen erst mal vorsichtig sein sollte.

Kokoserde: Ich ersetze meist etwa die Hälfte des benötigten Erdsubstrats durch Kokoserde, die man als trocken gepresste Ballen in Baumärkten oder online erhält. Diese wird aus der Rinde der Kokospalme hergestellt – ein Abfallprodukt bei der Herstellung von anderen Kokosprodukten und ein nachwachsender Rohstoff. Damit ist Kokoserde ökologisch nachhaltiger als die meiste handelsübliche Blumenerde, die viel Torf enthält (außer man kauft explizit torffreie Blumenerde). Anders als handelsübliches Substrat ist Kokoserde nicht vorgedüngt. So kann man die Nährstoffe, die das entsprechende Pflänzchen bekommt, besser regulieren. Gerade für die Anzucht von Jungpflanzen, die keinen Dünger vertragen, ist diese Erde gut geeignet. Außerdem wird Kokoserde bei der Herstellung sterilisiert und ist deshalb immer frei von Schädlingen, Unkraut, Pilzen und anderen unangenehmen Dingen, die kein Zimmergärtner in seiner Erde haben möchte, die sich mit etwas Pech bei der Wahl des Substrats aber gerne mal in die Wohnung schleichen.

Perlit: Bevor meine Liebe zu Pflanzen ihren Lauf nahm, habe ich mich oft gefragt, was diese weißen Kügelchen in der Erde vieler Pflanzen aus guten Gärtnereien wohl sein mögen. Ich fand sie regelrecht eklig, assoziierte ich sie doch mit Pilzen, Schimmel oder sonstigen Dingen, die nicht in Pflanzenerde vorkommen sollten. Heute weiß ich: Perlit ist ein vulkanisches Glas, das aus Obsidian entsteht. Es lockert die Pflanzenerde auf und erleichtert damit vor allem das Abfließen des Gießwassers. Außerdem dient Perlit als Wasserspeicher: Die Kügelchen nehmen Wasser aus der Erde auf und geben es erst wieder ab, wenn die Erde einen gewissen Trockenheitsgrad erreicht hat. So hilft Perlit dabei, die Pflanzen vor dem Übergießen und damit zu nasser Erde zu schützen.

Trockenmoos: Getrocknetes Torfmoos, das für Pflanzenerde oder Terrarien verwendet wird, ist ein genialer Wasserspeicher. Es kann das bis zu Fünfundzwanzigfache seines Eigengewichts an Wasser aufnehmen. Das kommt vor allem Pflanzen zugute, die es gerne ständig feucht, aber nicht nass haben wollen und nie austrocknen dürfen. Dazu zählen beispielsweise Juwelorchideen oder andere Tropenpflanzen wie bestimmte Philodendren und Calatheen.

Pinienrinde: Ich mische meiner Pflanzenerde gerne Stückchen Rinde vom Pinienbaum bei, die es kiloweise in Gartencentern oder online zu kaufen gibt. Diese helfen vor allem, die Erde aufzulockern und wasserdurchlässiger zu machen. Einige Pflanzen halten sich auch gerne mit den Wurzeln an den Rindenstückchen fest. Pinienborke schützt die Pflanzen außerdem vor Schimmel und Wurzelfäule. Sie hält je nach Größe der Stücke etwa drei bis fünf Jahre, bis sie zerfällt.

Holzkohle: Dieses kleine Wundermittel habe ich durch die Erdmischungsrezepte ausgebildeter Botaniker auf Instagram entdeckt. Aktivkohle in der Pflanzenerde reinigt das Substrat von unerwünschten Schadstoffen – ähnlich wie aktivkohlehaltige Produkte aus dem Drogeriemarkt es mit der Haut tun sollen. Sie befreit die Erde auch von schlechten Gerüchen, Insekten und Schimmelsporen. Die Kohle ist außerdem ein guter Wasserspeicher und nimmt überschüssiges Gießwasser auf, bis die Erde angetrocknet ist.

Universalmix
- 1 Teil Perlit
- 1 Teil Erdsubstrat & Kokoserde
- 1 Teil Trockenmoos
- 1 Teil Holzkohle

Calatheen
- 2 Teile Trockenmoos
- 2 Teile Perlit
- 1 Teil Erdsubstrat & Kokoserde
- 1 Teil Holzkohle

Aronstabgewächse (zum Beispiel Philodendren, Anthurien, Aglaonemas)
- 1 Teil Pinienrinde
- 1 Teil Orchideensubstrat
- 1 Teil Erdsubstrat & Kokoserde
- 1 Teil Perlit
- 1 Teil Holzkohle

Alocasien
- 1 Teil Perlit
- 1 Teil Trockenmoos
- 1 Teil Orchideensubstrat
- 1 Teil Holzkohle

Ein neues Bett: **UMTOPFEN**

Ich könnte stundenlang Pflanzen umtopfen. Allerdings sollte man das unseren grünen Lieblingen nicht allzu oft zumuten. Denn bei jedem Umtopfen wird die alte Erde von den Wurzeln entfernt, und diese werden damit freigelegt. Danach müssen sie sich mühselig in der neuen Erde etablieren. Das schockt die Pflanze meist und kann das Wachstum für einige Wochen zum Stocken bringen – immerhin ist sie mit anderen Dingen beschäftigt. Je nach Wachstum sollte man den grünen Lieblingen alle ein bis drei Jahre ein größeres Zuhause geben.

Grundsätzlich können Pflanzen das ganze Jahr über umgetopft werden. Allerdings ist Ende März bis Anfang Juni die beste Zeit dafür, denn das ist der Start der Wachstumsperiode. Danach haben unsere grünen Lieblinge in frischem, nährreichem Substrat den ganzen Sommer lang Zeit, um sich sowohl unter der Erde in den Wurzeln als auch oberirdisch in den Blättern ordentlich auszubreiten.

WARUM ÜBERHAUPT? Wenn die Wurzeln unten aus dem Drainageloch herauswachsen, ist es eindeutig Zeit für einen größeren Topf, denn dann hat die Pflanze das Gefäß durchwurzelt und sucht nach mehr Platz. Belassen wir sie trotzdem darin, kann sich das Wurzelwerk nicht optimal weiterentwickeln und die Pflanze somit nicht richtig wachsen. Wie ein Kind aus seinen Schuhen wächst, so wird die Behausung unseres grünen Babys irgendwann zu klein. Wenn man dem Kind keine größeren Schuhe kaufen würde, würde das zu Missbildungen am Fuß führen und den ganzen Körper beeinträchtigen. Das wollen wir weder einem menschlichen noch anderen Lebewesen antun. Deshalb topfen wir um.

EINE FRAGE DER RICHTIGEN GRÖSSE

⇶ Am besten sollten Pflanzen nur dann umgetopft werden, wenn ihre Wurzeln unten aus dem Drainageloch herauswachsen. Jetzt ist es Zeit für einen größeren Topf, der mehr Platz für Wurzeln bietet und damit der Pflanze wieder den Ansporn zum Wachsen gibt. Sehr viel größer als der alte sollte der neue Topf allerdings nicht sein.

Wenn die Erdmasse viel breiter ist als die eigentlichen Wurzeln, kann es passieren, dass die Pflanze nicht an das Gießwasser herankommt, weil es bis in den unteren, unbewurzelten Teil des Topfes durchsickert. Dort wird sich mit der Zeit eine sehr nasse Schicht bilden, da die Pflanze dieses Wasser nicht aufnehmen kann. Die Folge ist oft Wurzelfäule und im schlimmsten Fall der Tod des grünen Lieblings.

Deshalb ist es wichtig, einen Topf zu wählen, der an jeder Seite höchstens etwa zwei Zentimeter größer ist als der vorherige.

TON ODER PLASTIK?

⇶ Ich muss gestehen, dass ich den Tick habe, jedes neue Pflanzenfamilienmitglied aus dem Plastiktopf des Händlers zu holen und in einen Terrakottatopf umzutopfen. Ich empfinde diese einfach als schöner und natürlicher als Plastiktöpfe; für mich gehören meine Naturschönheiten eben in natürliche Gefäße, aber objektiv betrachtet haben sowohl Ton- als auch Plastiktöpfe ihre Vor- und Nachteile.

Plastiktöpfe halten das Wasser besser, während es in die Tonwände leicht verpufft – Pflanzen in Terrakotta müssen also öfter gegossen werden, vergeben aber eher Anfängerfehler beim Gießen. Plastiktöpfe sind außerdem leichter und nicht so sperrig wie Tontöpfe – beim Dekorieren mit Übertöpfen und häufigem Umstellen ist das ein Vorteil. Weil Ton porös ist, ermöglicht er außerdem eine bessere Wurzelatmung als Plastik. Das Material nimmt Wasser und Nährstoffe auf und kann sie auch wieder ins Substrat abgeben. Damit wirkt ein Tontopf als Regulator.

Ob ihr euch für Plastik- oder Tontöpfe entscheidet, ist Abwägungssache. Je nach Gießverhalten, Pflanze oder Schönheitsempfinden kann das eine oder andere Material besser sein.

ABER: NUR KEINE EILE! ➻ Wenn ich es aushalte, warte ich mit dem Umtopfen meistens rund eine Woche nach der Ankunft meiner neuen Pflanze. Diese Zeit braucht der Neuankömmling, um sich mit der Licht- und Luftsituation zurechtzufinden, denn die ist an jedem Ort und so auch in jeder Wohnung anders. Das Pflänzchen direkt nach der Ankunft umzutopfen ist also immer mit einem Risiko verbunden – der doppelte Schock (durch Neuankunft und Umtopfen) kann im schlimmsten Fall zum Tod der Pflanze führen.

RICHTIG UMTOPFEN

Umtopfen will gelernt sein und ist für viele Neulinge eine Herausforderung – dabei ist es mit ein paar Tipps gar nicht so schwer zu meistern.

Schritt 1

Zunächst bereiten wir den neuen Topf mit einer Drainageschicht vor, damit das Gießwasser leichter abfließen kann. Das sorgt auch für eine bessere Belüftung der Pflanzenerde und verhindert so Wurzelfäule infolge von Staunässe. Als Erstes legen wir eine Tonscherbe oder einen Stein auf das Drainageloch des Topfes. So können wir sicherstellen, dass es nicht durch angestautes Substrat verstopft wird.

Nehmt bitte nur Töpfe mit solch einem Loch und pflanzt eure Lieblinge nie direkt in einen Übertopf! Als Neuling habe ich ein paar meiner Pflänzchen – teils aus Schönheitsempfinden, teils, weil ich gerade nichts anderes im Haus hatte – in Gefäße ohne Loch gepflanzt. Das erschwert das richtige Gießen ungemein und kann schnell zum Tod der Pflanze führen. Außerdem ist ein Wurzelwachstumscheck so unmöglich.

Schritt 2

Wenn das Drainageloch bedeckt ist, legen wir eine Schicht aus Kies, Tonscherben, Blähton oder Ähnlichem im Topf an, durch die das Gießwasser leicht hindurchfließen kann und die gleichzeitig ein Durchsickern der Erde verhindern. Ich benutze am liebsten Lavasteinchen dafür, aber alle genannten Alternativen sind genauso gut. Auf die Drainageschicht geben wir eine ein bis zwei Zentimeter dicke Schicht der selbst gemischten Pflanzenerde.

Schritt 3

Nun lösen wir das Pflänzchen aus seinem alten Zuhause. Ist es in einem Plastiktopf, kann man es leicht herausmassieren. Dazu drückt man den Topf immer wieder an unterschiedlichen Stellen sanft von außen, bis sich die Erdmasse löst und die Pflanze sich herausheben lässt. Bei Tontöpfen graben wir zunächst um den Topfrand herum vorsichtig mit den Fingern die Erde aus. Achtet darauf, dabei die Wurzeln nicht zu beschädigen. Außerdem kann es helfen, mit einem Finger die über dem Drainageloch liegende Tonscherbe (oder Ähnliches) hochzudrücken. Häufig löst sich damit der Großteil der Erde und des Wurzelwerks aus dem Topf.

Schritt 4

Als Nächstes befreien wir die Wurzeln von der alten Erde. Dazu massieren wir den Wurzelballen sanft, aber gründlich. Das kann bei Pflanzen mit dünnen Wurzeln schwieriger sein und ein wenig Zeit in Anspruch nehmen, aber nur keine Scheu! Es ist nicht schlimm, wenn sich ein paar Wurzeln dabei lösen oder beschädigt werden – so vorsichtig wie möglich zu sein ist hierbei das Wichtigste. Um Erdreste zu entfernen, können wir das Wurzelwerk zusätzlich mit lauwarmem Wasser abduschen (bitte kein kaltes oder zu warmes Wasser, denn das schockt die Wurzeln). Dass sich nicht die gesamte alte Erde restlos lösen lässt, ist ganz klar – denkt also nicht zu perfektionistisch.

Schritt 5

Jetzt kommt das Pflänzchen in seinen neuen Topf. Haltet es dafür zunächst fest, denn ohne Erde wird es nicht allein stehen können, ohne Wurzelschaden zu nehmen. Positioniert es mittig und gerade und gebt nach und nach das angemischte Erdsubstrat in den Topf, bis alle Wurzeln bedeckt sind. Drückt dann die Erde von oben vorsichtig an und füllt noch mehr Substrat nach, wenn es nötig sein sollte. Etwa zwei Zentimeter bis zum Rand des Topfes sollten unbefüllt bleiben, damit ihr die Pflanze richtig gießen könnt, ohne dass Wasser überläuft.

Abschließend wird das Pflänzchen nun gegossen, um das neue Substrat anzufeuchten.

Durstlöscher für die Pflanzenkinder:
RICHTIG GIEßEN

Gießen kann gerade für frischgebackene Pflanzeneltern eine Herausforderung sein. Wie viel? Wie oft? Und ist Wasser gleich Wasser? All diese Fragen hatte ich im Kopf, als meine ersten Pflanzenkinder bei mir einzogen. Gießen ist Erfahrungssache, und auch heute noch passiert mir manchmal der ein oder andere Fehler, unter dem meine Pflanzen leiden.

WIE WEIß ICH, WANN ICH GIEßEN SOLL?

➥ Bitte setzt euch keinen festen Wochentag für das Gießen eurer Lieblinge. Denn jede Pflanze verbraucht unterschiedlich viel und schnell Wasser – auch je nach Standort. Besser ist: *Get your fingers dirty!*

Am besten überprüfst du ein- bis zweimal pro Woche, wie feucht die Erde im Topf ist. Dazu steckst du einen Finger hinein und fühlst nach. Sind die ersten zwei Zentimeter der Erde im Blumentopf durch und durch trocken, kannst du gießen – vorher nicht. Für Kakteen und Sukkulenten sind drei Zentimeter ein gutes Maß. Ich liebe es, mir die Finger mit Erde etwas dreckig zu machen – es tut meiner Seele gut, und ja, es erdet mich. Versuche es doch auch mal, überwinde dich!

Tatsächlich können die meisten Pflanzen besser mit Unter- als mit Überwässerung leben und genießen es zwischendurch, wenn die Erde einmal komplett austrocknet, bevor sie neues Wasser bekommen. Die Angst davor, zu selten zu gießen, sollten Pflanzeneltern also lieber schnell reduzieren. Es gibt allerdings Ausnahmen für diese Regel, wie beispielsweise Alocasia, aber diese und ähnliche Arten sind nichts für Anfänger. Ich schaue bei ihnen zwei- bis dreimal die Woche nach, wie es um ihren Wasserbedarf steht.

EIN NÜTZ-LICHER HELFER

➤➤ Ein Feuchtigkeitsmessgerät ist eine super Alternative zur Fingertestmethode und wohl eines der hilfreichsten Werkzeuge von Zimmerpflanzeneltern. Dieses wird statt deines Fingers in den Topf gesteckt und zeigt den Grad der Erdfeuchtigkeit von trocken bis nass oder auf einer Skala von eins bis zehn an. Schon ab zehn Euro gibt es diese nützlichen Helfer online. Man mag sie als unnötigen Schnickschnack empfinden, der nur etwas für Pflanzenverrückte ist, aber mir hätte so ein Messgerät vor allem in der Anfangszeit meiner Pflanzenliebe unglaublich geholfen, hätte ich gewusst, dass es so etwas gibt.

WIE VIEL DURST HABEN SIE?

➤➤ Wie viel Wasser eure Pflanze braucht und verbraucht, hängt von der Helligkeit des Standorts, der jeweiligen Art, deren Wachstumsgeschwindigkeit und den Möglichkeiten ab, Wasser zu speichern. Sansevierien beispielsweise benötigen weniger Wasser als Calatheen.

Der Hauptgrund, warum Zimmerpflanzen bei uns sterben, ist Überwässerung – und die hängt in einigen Fällen direkt mit Lichtmangel zusammen. Für die Fotosynthese braucht die Pflanze Licht, Wasser und Kohlenstoffdioxid. Bekommt sie von einer dieser Zutaten nicht genügend, kann sie weniger Fotosynthese betreiben und benötigt auch von den anderen Zutaten weniger. An einem dunkleren Standort trinken Pflanzen also weniger Wasser. Wenn man dann trotzdem freudig drauflosgießt, bleibt das Wasser in der Erde stehen und führt in der Folge oft zum Verrotten der Wurzeln. Das wiederum wird an den Blättern sichtbar.

Eine gute Faustregel für Anfänger lautet: Etwa ein Drittel des Topfvolumens darf an Wasser gegossen werden. Alles, was unten aus dem Topf heraustropft, sollte kurz danach abgegossen werden. Keine Pflanze mag es, im Wasser zu stehen.

⇶ Neben der passenden Menge ist es wichtig, den Pflanzen das richtige Wasser zu geben. Wasser ist nämlich nicht gleich Wasser, was Zimmerpflanzen angeht. Einige wird simples Leitungswasser nicht stören, aber besonders in Städten ist das Wasser aus der Leitung oftmals sehr hart – der viele Kalk bekommt vor allem Calatheen nicht gut. Ich bin deshalb dazu übergegangen, all meinen Pflanzen gefiltertes oder abgekochtes Wasser zu geben. Nun, da ich in einem Haus mit Garten lebe, ist Regenwasser das Mittel der Wahl, denn das ist am allerbesten für Pflanzen. Du kannst auch einen Wasserfilter zum Aufbessern von Leitungswasser benutzen.

PFLANZEN-KINDER VERTRAGEN NICHT JEDES WASSER

Auch zum Besprühen solltest du übrigens kein Kalkwasser nehmen, da die Ablagerungen die Pflanze daran hindern, durch ihre Blätter Licht aufzunehmen.

Ganz wichtig: Das Wasser, das du deinen Pflanzenkindern gibst, sollte immer zimmerwarm sein. Zu kaltes oder zu heißes Wasser kann an den Wurzeln schnell Schaden anrichten. Das Wasser aus der Regentonne lasse ich im Winter immer vierundzwanzig Stunden drinnen stehen, bevor ich es vergieße.

Den Hunger nach Nährstoffen stillen:
DÜNGEN

Düngen war für mich lange Zeit der beängstigendste Teil der Pflanzenpflege. Ich hatte keine Ahnung, wie oft und womit ich welche Pflanze düngen sollte. Vor allem hatte ich Angst, meine Lieblinge zu überdüngen und sie so zu schädigen. Gleichzeitig wusste ich: Kein Dünger ist auch keine Lösung! Heute habe ich meine eigene Routine gefunden, mit der meine Pflanzen kräftig und gesund wachsen – welche für euch am besten funktioniert, müsst ihr selbst austesten, aber ich hoffe, ich kann euch mit dieser Einführung zumindest meine anfängliche Angst ersparen.

Licht und Wasser sind die Hauptnahrung von Pflanzen, aber sie brauchen auch Nährstoffe, um gut wachsen zu können. In der Natur werden diese in der Erde durch organische Prozesse immer wieder nachgeliefert. Bei unseren Zimmerpflanzen dagegen müssen wir die Erde früher oder später eigenhändig mit Nährstoffen anreichern, um unsere grünen Lieblinge gesund zu halten. Denn mit der Zeit verbrauchen die Pflanzen die Nährstoffe in ihrer Erde; außerdem wird ein kleiner Teil bei jedem Gießen aus dem Topf gespült.

Die wichtigsten Nährstoffe für Pflanzen sind die folgenden: *Stickstoff* (N) ist gut für das Wachsen neuer Blätter.

Phosphor (P) ist gut für das Wachstum der Wurzeln sowie für die Blütenbildung. *Kalium* (K) ist gut zur Kräftigung und für den Stoffwechsel der Pflanzen.

Stickstoff, Phosphor und Kalium sind je nach Art und Fokus des Düngemittels in unterschiedlichen Mengenverhältnissen darin enthalten. Zusätzlich werden gerne weitere Nährstoffe wie Magnesium, Kalzium oder Schwefel sowie Aminosäuren und Spurenelemente wie Zink und Eisen beigemischt.

Es gibt Dünger in ganz verschiedenen Formen, als Stäbchen, Granulat, flüssiges Konzentrat usw. Neben ihrer Anwendung unterscheiden sie sich vor allem in der Herstellung.

Synthethischer Dünger wird industriell aus verschiedensten Ausgangsstoffen hergestellt. Die essenziellen Pflanzennährstoffe werden chemisch produziert und abgemischt.

Biologischer Dünger wird aus natürlichen Abfallprodukten wie Pflanzenresten, Dung oder Gesteinsresten gewonnen. Er ist tendenziell sanfter und niedriger konzentriert als synthetischer Dünger.

Welche Art für euch am besten funktioniert, müsst ihr selbst austesten. Ich setze bei meinen Pflanzen so viel wie möglich auf natürliche Pflegeprodukte (ob Dünger oder Schädlingsmittel), weil meine Idealvorstellung eines *Urban Jungle* nicht mit der Anwendung von Chemie übereinkommt. Also gieße ich meine Lieblinge mit flüssigem Biodünger aus vergorenem Weidegras.

Generell gilt beim Düngen: Weniger ist mehr! Vor allem bei synthetischen Düngern, aber auch bei biologischen solltet ihr niemals die Mischangaben des Herstellers überschreiten. Wenn ihr Flüssigdünger verwendet, gießt eure Lieblinge lieber öfter mit der Hälfte der vorgegebenen Menge als mit einer zu hoch konzentrierten Lösung.

Schneller wachsende Pflanzen brauchen häufiger Dünger als solche, die langsam wachsen. Außerdem solltet ihr nur während der Wachstumsphase, also von Mitte März bis Mitte September, regelmäßig düngen. Manche Biodünger können auch in der Ruhephase im Herbst und Winter gegeben werden, dann aber allerhöchstens einmal im Monat, lieber seltener.

Wenn ihr überdüngt habt, merkt ihr das an salzigen Rückständen am Topf oder in der Erde der Pflanzen. Außerdem könnt ihr den Säure-/Basen-Charakter mit einem pH-Messgerät testen, das in viele Feuchtigkeitsmessgeräte integriert ist. Der ideale pH-Wert ist von Art zu Art verschieden, für die meisten Pflanzen ist ein Wert zwischen 4,0 und 6,5 ideal. Wenn die Erde im Topf zu sauer, also kleiner als 4,0, oder zu alkalisch, das heißt, größer als 6,5 ist, könnt ihr sie, statt zu gießen, gut abduschen und so neutralisieren.

Auch wenn es anfangs vielleicht so klingt: Düngen ist kein Hexenwerk, sondern etwas, für das man mit ein bisschen Vorwissen ein gutes Händchen bekommen kann. Ihr werdet mit und von euren Pflanzen lernen.

WENIGER IST MEHR ➤➤ Überdüngung führt oft zu sogenannten Verbrennungen. Diese haben aber nichts mit Hitzeschäden zu tun, sondern sind eigentlich ein Zeichen dafür, dass die Pflanzen vertrocknen. Denn sie können wegen der Überdüngung nicht mehr effizient Wasser aufnehmen und geben sogar welches ab.

Da Dünger aus Salzen bestehen, ist eine Überdüngung und eine Versalzung praktisch dasselbe.

Pflanzen nehmen Nährstoffe über die Haarwurzeln auf, die sich an den Spitzen der Wurzeln befinden. Damit die Nährstoffaufnahme funktioniert, muss die Konzentration der Salze außerhalb der Pflanze, also im Substrat, niedriger sein als im Inneren (Osmose).

Ist es andersherum, wird der Pflanze Wasser entzogen. Genau das passiert, wenn das Substrat aufgrund von Überdüngung zu viele Salze enthält. Die Pflanze vertrocknet mit der Zeit.

Anfängliche Anzeichen sind braune Blattspitzen oder gelblich verfärbte Blätter. Wenn nicht gehandelt wird, führt das zu braunen Blättern, die letztendlich ganz absterben. Auch wenn dein Pflänzchen neue Blätter treibt, die sofort braun werden oder matschig sind, kann das an zu viel Dünger liegen.

Typisches Kennzeichen für eine Überdüngung oder Versalzung ist außerdem das Ausblühen von meist weißen, aber auch leicht farbigen Salzkristallen bei trocknendem Boden auf der Erdoberfläche.

Überdüngung führt zu einer Schwächung der Pflanze. Dadurch wird sie anfälliger für Schädlinge oder Infektionen.

ERSTE HILFE BEI ÜBERDÜNGUNG

⇢ Wenn du zu viel Flüssigdünger verwendet hast, kannst du die Pflanze durchspülen, um sie zu retten. Dazu solltest du den Topf im Waschbecken oder der Dusche kräftig wässern. Etwa das dreifache Volumen des Topfes an Wasser sollte genügen. Dabei schwemmt das Wasser die Nährstoffe aus der Erde und neutralisiert sie. Danach solltest du die Pflanze einige Tage nicht gießen und beim nächsten Gießen vorsichtig düngen, damit die Erde wieder Nährstoffe bekommt.

Wenn du erst nach einiger Zeit merkst, dass du überdüngt hast, oder beobachtest, dass deine Pflanzen trotz Durchspülen braune Blätter bekommen, solltest du sie möglichst bald in frische, unversalzene Erde umtopfen oder die vorhandene Erde großzügig mit ungedüngter Erde oder anderen Substratzutaten strecken. Bevor du die Pflanze wieder eintopfst, wasche ihre Wurzeln gründlich ab.

NOTFÄLLE UND ERSTE HILFE:
Wenn Pflanzenkinder krank werden

Wenn es unseren grünen Lieblingen nicht gut geht, fühlen wir Pflanzenliebhaber uns nicht viel anders als Eltern eines kranken Kindes. Wir machen uns Gedanken, welche Fehler wir bei der Pflege unserer Schützlinge wohl begangen haben könnten. Wir sorgen uns, eine geliebte, unersetzliche Pflanze zu verlieren. Wir sind überfordert, traurig, verängstigt. Ich kenne dieses Gefühl, das die heimische Dschungelidylle plötzlich ins Wanken bringen kann, nur zu gut – und ich will euch nichts vormachen: Die ein oder andere Pflanze wird unter eurer Obhut sterben. Das ist ein schmerzhafter, aber ganz normaler Teil des Pflanzeneltern-Daseins und sollte euch nicht entmutigen.

Selbst erfahrene Botaniker verlieren Pflanzen an das Schicksal oder, genauer gesagt, an Spinnmilben, Wurzelfäule oder einfach Altersschwäche. Mit jeder Pflanze gewinnen wir jedoch an Erfahrung, die uns für künftige Probleme wappnet. In diesem Abschnitt möchte ich euch helfen, die Sprache eurer kränkelnden Pflanzen besser zu verstehen sowie Schädlinge zu erkennen und zu eliminieren.

WAS WILL MEINE PFLANZE MIR SAGEN?

Schlaff herabhängende oder eingerollte Blätter
Eure Pflanze braucht dringend Wasser!

Gelbe Blätter, Blätter aufgehellt, Blattadern auch hell
Bei diesen Symptomen leiden die Pflanzen meist unter Eisenmangel. Hervorgerufen wird dieser durch einen zu hohen pH-Wert

der Erde. In der Regel ist der Mangel auf dauerhaft zu kalkhaltiges Gießwasser oder das falsche Kultursubstrat zurückzuführen. Um die Erde saurer zu machen, gibt es schwefelhaltige pH-Senker. Alternativ solltet ihr die Pflanze in frisches Substrat umtopfen und von da an mit kalkärmerem Wasser gießen.

Gelbe, nicht vertrocknende Blätter
Ursache für dieses Symptom ist entweder zu intensive Lichteinstrahlung oder eine Chlorose, die bei einem zu hohen Kalkgehalt der Erde und des Gießwassers entstehen kann. Gießt stattdessen am besten mit Regen- oder gefiltertem Wasser. Auch Staunässe kann zu einer Chlorose führen.

Gelbe, vertrocknende Blätter
Beim Auftreten dieses Symptoms besteht der Verdacht auf Befall durch saugende Schädlinge wie Blattläuse, Schildläuse oder Weiße Fliegen. Wenn ihr keine Schädlinge auf der kranken Pflanze findet, kann auch eine falsche Pflege die Ursache sein.

Trockene Blattspitzen oder -ränder
Vertrocknete Blattspitzen oder Blattränder sind ein Anzeichen für zu trockene Luft oder Wassermangel. Achtung: Grund für den Wassermangel kann auch eine eingeschränkte Wasseraufnahmefähigkeit der Pflanze sein, beispielsweise wegen verletzter oder kaputter Wurzeln. Ein zu rascher Standortwechsel kann ebenfalls zu trockenen Blattspitzen führen.

Verkrüppelte Blätter
Wenn die Blätter einer Pflanze verformt sind oder in ihrem Aussehen auffällig von den anderen Blättern abweichen, sollte man die Pflanze auf saugende Schädlinge wie Blatt- oder Wollläuse untersuchen.

Klebrige Oberfläche der Blätter

Die klebrige Substanz ist Honigtau – die Ausscheidungen von saugenden Insekten wie Blatt- und Schildläusen oder der Weißen Fliege. Untersucht eure Pflanze auf diese Schädlinge!

Blätter fallen ab

Wenn eine Pflanze beginnt, ihre Blätter abzuwerfen, ohne dass ihre Ruheperiode bevorsteht, liegt das meistens an schlechter Pflege. Lest noch einmal genau nach, unter welchen Bedingungen (Licht, gießen usw.) sie am besten wächst. Empfindliche Pflanzen wie der Kroton, Aeschynanthus oder manche Gummibäume können auf einen Standortwechsel mit Blattabwurf reagieren. Auch Zugluft oder ein zu kalter Standort können daran schuld sein. Einige Zimmerpflanzen (vor allem Knollenpflanzen) werfen außerdem ganz regulär im Herbst oder Winter viele Blätter ab. Sie werden dann im Frühling neue bilden.

SCHÄDLINGE

➤➤ Manchmal kränkelt unser grüner Liebling auch, weil Schädlinge sich auf ihm breitgemacht haben. Sie entziehen ihm Kraft und können ihn, wenn wir zu spät reagieren, sogar umbringen. Deshalb ist es ganz wichtig, dass wir all unsere Pflanzen regelmäßig auf Schädlinge untersuchen, am besten mindestens einmal pro Woche. So können wir früh auf einen Befall reagieren, und unsere Lieblinge werden schneller wieder gesund.

Spätestens wenn eine Pflanze ihr vitales Aussehen verliert, sollte man genauer hinschauen. Deutliche Zeichen für einen Schädlingsbefall sind Verformungen an den Blättern wie Kleinblättrigkeit, Verkrüppelung, eingerollte und umgebogene Blattränder. Aber auch andere Veränderungen können ein Hinweis auf einen Befall sein.

AUFBLÜHEN

Bevor ich euch die gängigsten Erzfeinde der Zimmerpflanzengärtner vorstelle und erkläre, wie ihr diese erkennen und bekämpfen könnt, möchte ich euch ein paar vorbeugende Maßnahmen nennen. Denn sobald wir einmal Schädlinge in unserem Zuhause haben, kann die Bekämpfung besonders bei vielen Pflanzen langwierig, aufwendig und schwierig werden.

Hilfsmittel zur Erkennung der Schädlinge

Ich weiß, ihr wollt diese Tierchen eigentlich nicht noch größer sehen, aber holt euch eine gute Lupe! Damit werdet ihr bei den wöchentlichen Check-ups schnell und einfach erkennen können, ob und wovon eure Pflanze womöglich befallen ist.

Wie können wir Schädlingen vorbeugen?

1. **Kauft keine befallenen Pflanzen:** Wenn ihr Schädlinge auf Pflanzen in einer Gärtnerei oder andernorts seht, kauft sie nicht, egal wie schön sie sind. Uns mutwillig Schädlinge nach Hause zu holen und unsere eigenen grünen Lieblinge so möglicherweise in Gefahr zu bringen wäre mehr als fahrlässig. Stattdessen sagt einem Mitarbeiter Bescheid, dass die Pflanzen befallen sind.

2. **Überprüft eure Pflanzen regelmäßig auf Schädlinge** – wie gesagt, wenn möglich mindestens einmal pro Woche. Schaut sowohl auf der Blattoberseite als auch auf der -unterseite nach, ob etwas Ungewöhnliches zu sehen ist. Manche Schädlinge breiten sich nämlich ausschließlich auf der Unterseite aus.

3. **Regelmäßiges Duschen oder Waschen:** Duscht eure Pflanzen einmal pro Monat von oben bis unten gründlich ab. Alternativ könnt ihr die Blätter mit kalkfreiem Wasser und Naturseife abwaschen. Das ist allerdings eine ziemliche Kleinarbeit, wenn auch sehr beruhigend. Die meisten, aber eben nicht alle Schädlinge sind an den Blättern zu finden.

4. **Überwässert eure Pflanzen nicht:** Dauernasse Erde ist ein guter Nährboden für Trauermücken und andere Erdschädlinge.

5. **Sterilisiert eure Gartenschere nach jedem Gebrauch:** So könnt ihr verhindern, dass Bakterien oder Pilze in die frischen Schnittwunden eurer Pflanzen gelangen.

6. **Entfernt tote Blätter oder Schmutz auf der Erde im Topf:** Diese bieten einen tollen Lebensraum für manche Schädlinge.

7. **Schneidet tote oder entstellt aussehende Blätter ab:** Diese dienen eurem Pflänzchen eh nicht mehr. Vielmehr sind sie ein Verbreitungsherd und Nahrung für Schädlinge.

8. **Überfüllung:** Ja, das wollen Pflanzensammler wie ich nur sehr ungern hören, aber stellt eure Pflanzen nicht alle eng aneinander, weil sich Schädlinge so einfacher und schneller über eure gesamte Sammlung verbreiten können. Gruppiert sie lieber gut, um das Ausmaß eines möglichen Befalls in Grenzen zu halten.

DIE GÄNGIGSTEN SCHÄDLINGE AUF ZIMMERPFLANZEN

Schädlinge in der Erde

Trauermücken erreichen eine Größe von drei bis sieben Millimeter und haben eine dunkelbraune bis schwarze Farbe. Sie sehen ähnlich aus wie Fruchtfliegen. Die in der Erde lebenden Larven sind bis zu fünf Millimeter lang, ihr Körper ist farblos mit einem schwarzen Kopf. Ausgewachsene Trauermücken schaden unseren grünen Lieblingen nicht, und auch die Larven ernähren sich überwiegend von abgestorbenen Pflanzenteilen in der Erde. Wenn allerdings sehr viele Larven im Substrat sind, knabbern sie stattdessen die lebenden Wurzeln an. An den Bissstellen können andere Parasiten wie Pilze und Bakterien leicht in die Pflanze eindringen. Wenn die Wurzeln geschädigt sind, hat die Pflanze weniger Kraft und kann Wasser und Nährstoffe nur erschwert aufnehmen. In diesem Fall wird euch die Pflanze schwach und kränklich erscheinen.

Springschwänze: Diese Tierchen erreichen eine Größe von ein bis drei Millimeter und sind weißlich gefärbt. Ihren Namen haben sie von ihrer Art, sich fortzubewegen: Wie winzig kleine Heuschrecken kann man sie manchmal auf der Oberfläche des Substrats hüpfen sehen. Sie leben nämlich nicht in, sondern auf der Erde. In der Natur haben Springschwänze die wichtige Aufgabe, abgestorbene Pflanzenteile zu fressen und damit zur Humusbildung beizutragen. Springschwänze kommen vor allem in zu feuchten Töpfen und zu undurchlässigem Substrat vor. Ist eure Pflanze von ihnen befallen, ist das also ein Zeichen dafür, dass ihr ein anderes Substrat nehmen und die Pflanze umtopfen solltet. Außerdem solltet ihr euer Gießverhalten beobachten. Wie in der Natur sind Springschwänze nicht schädlich, sondern eher nützlich für unsere Zimmerpflanzen. Wenn sie sich jedoch stark vermehren und sie keine toten Pflanzenteile mehr zur Verfügung haben, fressen sie junge Pflanzen und zarte Wurzelspitzen an.

Wie gehe ich bei Erdschädlingen vor?

1. Gelbtafeln: Bringt nah am Boden der befallenen Pflanze(n) Gelbtafeln an. Ausgewachsene Schädlinge werden von der Farbe der Klebefallen angezogen, bleiben dort kleben und können sich nicht mehr fortpflanzen.

2. Gießt Nematoden: Die winzig kleinen Fadenwürmer oder Nematoden sind ein wahrer Segen für Zimmerpflanzeneltern: Sie können viele verschiedene Schädlingsarten, die ihre Larven in der Erde ablegen, effektiv bekämpfen. Noch dazu sind sie komplett biologisch und haben keinerlei Nebenwirkungen für Mensch, Tier und Pflanze. Bei diversen Online-Anbietern werdet ihr leicht Nematoden finden. Kalkuliert vor dem Kauf aber auf jeden Fall die richtige Menge an Nematoden. Das geht meistens nach Quadratmetern – ihr solltet also die Gesamtoberfläche der Töpfe eurer Pflanzen grob überschlagen. Die Nematoden werden in Pulverform und gekühlt versandt. Sie müssen in der Regel innerhalb von zwei bis drei Wochen verbraucht werden, weil sie sonst unbenutzt absterben. Ihr solltet sie also nicht auf Vorrat kaufen, sondern nur bei akutem Bedarf.

Für die Anwendung werden die Nematoden in Wasser gelöst – haltet euch dabei an die Produktinformationen des Herstellers. Das Ausbringen der Nematoden sollte im Dunklen geschehen, da die Nützlinge sehr anfällig gegenüber UV-Licht sind. Wenn der Boden trocken ist, solltet ihr die zu behandelnde Fläche vorwässern. Danach gießt ihr die vom Anbieter empfohlene Wassermenge pro Quadratmeter gleichmäßig aus. Die Nematoden können sich nach einiger Zeit am Boden der Gießkanne absetzen, rührt das

Wasser deshalb auch während des Gießens bitte regelmäßig um. Der behandelte Boden muss nun über einen Zeitraum von zwei bis drei Wochen konstant feucht gehalten werden, Staunässe solltet ihr jedoch vermeiden. Nach spätestens drei Wochen haben die Nematoden ihren Job erledigt. Manche Anbieter empfehlen, nach zwei Wochen noch einmal mit Nematoden zu gießen. Damit habe ich sehr gute Erfahrungen gemacht – spätestens nach zwei weiteren Wochen waren alle Schädlinge weg.

Schädlinge an den Blättern

Spinnmilben sind bis zu einem Millimeter groß und haben meist einen sanften Grün- oder Gelbton. Wie Spinnen hat auch die Spinnmilbe acht Beine. Sie zapfen bevorzugt die Adern auf den Blattunterseiten an und saugen den Zellsaft aus den Blättern, die in der Folge stellenweise gelblich-weiß bis leicht silberfarben werden. Dass eine Pflanze von Spinnmilben befallen ist, könnt ihr vor allem an den gelblichen Sprenkeln erkennen, die auf den Blättern auftauchen. Stark geschädigte Blätter verfärben sich graubraun und vertrocknen danach meist vollständig. Spinnmilben vermehren sich unter guten Bedingungen recht schnell. In trockener, warmer Heizungsluft fühlen sie sich besonders wohl.

Thripse sind ein bis drei Millimeter groß und dunkelbraun bis braunschwarz gefärbt. Die Larven haben keine Flügel und eine hellgelbe Farbe. Thripse vermehren sich besonders rasant bei trockener, warmer Zimmerluft. Zimmerpflanzen werden deshalb vor allem in den kalten Monaten befallen, wenn geheizt wird. Thripse halten sich überwiegend auf der Unterseite der Blätter auf. Deshalb solltet ihr diese regelmäßig gründlich kontrollieren. Die Thripse saugen mit ihren Stechrüsseln die äußeren Zellen der Blätter aus. Die ausgesogenen Zellen sind anfangs gelblich gefärbt, später werden sie aufgrund der eindringenden Luft silbrig weiß. Im fortgeschrittenen Stadium sehen die Blätter (vor allem, aber nicht nur auf der Unterseite) wegen der Vielzahl der ausgesogenen Zellen stark gesprenkelt und fleckig aus und sterben bei starkem Befall ab. Bei genauerem Hinsehen erkennt man feine schwarze Punkte auf den Blättern, die sich abwischen lassen – das sind die Kotausscheidungen der Parasiten. Die von Thripsen befallene Pflanze verliert ihre Kraft und wächst deshalb schlechter.

Wollläuse, auch **Schmierläuse** genannt, erreichen eine Größe von ein bis fünf Millimeter. Die kleinen weißen Viecher mit ihren Fühlern und vielen Beinen lassen sich leicht auf den Blättern erkennen. Sie scheiden eine wachsartige weiße Substanz aus, die an winzige Wattebäusche erinnert. Der Befall mit Wollläusen schwächt die Pflanze und ihren Stoffwechsel – und damit auch das Wachstum. Die Läuse saugen den Pflanzensaft auf und geben dabei gleichzeitig mit ihrem Speichel Gifte in die Pflanze ab. Die befallenen Blätter färben sich mit der Zeit gelb und beginnen zu verschrumpeln. Bei einem starken Befall kann die Pflanze absterben.

Blattläuse sind etwa drei Millimeter kleine Insekten mit einem Stechrüssel. Sie saugen die Pflanzensäfte und treten überwiegend im Frühjahr und Frühsommer auf. Es gibt grüne, schwarze, braune, graue und gelb gefärbte Arten. Von Blattläusen befallene Pflanzen verlieren ähnlich wie bei Wollläusen ihre Kraft dadurch, dass die Schädlinge ihnen den Pflanzensaft entziehen und Speichelgift beim Saugen abgeben. Blätter, die durch das Gift geschädigt wurden, kräuseln oder rollen sich ein und bilden gelbe Flecken. Blattläuse häuten sich regelmäßig – bei einem Befall findet man deshalb häufig weiße Häute auf den Pflanzen.

Weiße Fliegen erreichen eine Größe von zwei bis drei Millimeter. Weil sie aus den Tropen kommen, gedeihen sie besonders gut bei einer Luftfeuchtigkeit ab siebzig Prozent und einer Temperatur von dreiundzwanzig Grad Celsius. Die ausgewachsenen Tiere und die Larven saugen Pflanzensaft aus den Blättern und sind überwiegend auf den Blattunterseiten zu finden. Die befallenen Blätter sind gelb gesprenkelt. Ausgewachsene Tiere fliegen vom Blatt hoch, wenn man es berührt. Im Verlauf des Befalls verliert die Pflanze ihre Kraft – die befallenen Blätter sterben und fallen ab.

Wie gehe ich bei Schädlingen an meiner Pflanze vor?

1. **Check-up:** Schaue auf allen umstehenden Pflanzen nach Schädlingen, um zu überprüfen, wie weit sich der Befall ausgebreitet hat.

2. **Pflanzen-Quarantäne:** Stelle befallene Pflanze(n) am besten in einen anderen Raum, weg von anderen Pflanzen, um die weitere Ausbreitung des Befalls zu verhindern.

3. **Duschzeit:** Dusche die gesamte Pflanze(n) gründlich mit Wasser ab! Das kalkhaltige Wasser aus der Dusche wird einigen deiner Lieblinge nicht gefallen, aber im Notfall werden auch empfindliche Pflanzen das aushalten müssen. Achte darauf, die Erde nicht zu sehr zu durchtränken. Decke sie gegebenenfalls mit Frischhaltefolie oder Ähnlichem ab.

4. **Neemöl:** Wasche die Ober- und Unterseiten aller Blätter mit einer Neemöl-Lösung ab. Das solltest du in den kommenden vier bis fünf Wochen zweimal wöchentlich wiederholen.

5. **Schädlingsmittel:** Besprühe die befallene(n) Pflanze(n) mit natürlichem Schädlingsmittel oder einem geeigneten Insektizid. Wiederhole diesen Vorgang in den kommenden vier bis fünf Wochen einmal wöchentlich.

Kontaktgift versus systemische Insektizide

Insektizide wirken entweder als Kontaktgift, das heißt, der Schädling stirbt, sobald er mit dem Mittel in Berührung kommt, oder als systemisches Insektizid. Dabei werden einige Bestandteile des Mittels von der Pflanze aufgenommen und bleiben meistens etwa zwei bis drei Wochen lang im Gewebe der Pflanze. Mit solchen Insektiziden läuft man nicht Gefahr, eine Stelle vergessen zu haben, an der Schädlinge überleben können. Außerdem werden so in der Folgezeit auch ungebetene Gäste vernichtet, die zum Zeitpunkt des Besprühens noch nicht geboren waren.

Kontaktgifte dagegen führen schnell zum Erfolg, haben aber keine langfristige Wirkung. Außerdem besteht wie erwähnt die Gefahr, dass manche Schädlinge, die sich zum Beispiel in Blattachseln oder Ritzen verstecken, nicht in Kontakt mit dem Gift kommen und überleben.

Wenn ihr des Schädlingsbefalls mit natürlichen Mitteln nicht Herr werden könnt, würde ich euch also raten, eher zu systemischen Insektiziden als zu Kontaktgiften zu greifen.

Hinweis: Blattläuse sind besonders hartnäckig. Bei einem Befall solltet ihr die Schädlinge zusätzlich mit der Hand von der Pflanze nehmen beziehungsweise abtöten.

Tipp: Ein leichter Schädlingsbefall kann mit einem in Reinigungsalkohol getunkten Wattestäbchen behandelt werden, indem man die Schädlinge damit gründlich vom Blatt entfernt.

Neemöl-Lösung

- 1 Liter abgekochtes oder gefiltertes Wasser
- 1 El Naturseife ohne Duftstoffe
- 1 El Neemöl

Warte nicht auf jemanden, der dir Blumen bringt. Pflanze deinen eigenen Garten und schmücke deine eigene Seele.

JORGE LUIS BORGES

Kapitel 3:
ICH WILL LEBEN, ICH WILL WACHSEN

WILLKOMMEN IN DER KLAPSE!

In der Nacht vor meiner Aufnahme in die Klinik schlief ich schlecht. Zu aufgeregt war ich wegen dem, was vor mir lag – meinem Gang in die Psychiatrie. Ich hatte Angst vor meiner eigenen Courage und auch vor meiner Einsicht, den Weg durch diese depressive Episode nicht mehr alleine gehen zu können. Ein Burn-out hatte sie ausgelöst, und sie sog meine Kraft wie Spinnmilben die Nährstoffe aus den Blättern. Als mein Vater mich zu dem schönen Klostergebäude fuhr, das nur fünfzehn Autominuten von seiner Wohnung entfernt lag, fühlte es sich an wie der Gang zum Henker. Ich hatte das »Schloss«, wie mein Vater es gerne nannte, zum ersten Mal bei einer Exkursion in der achten Klasse betreten. Im Sinne der Drogenprävention hatten wir mit dem Leiter der Klinik und Drogensüchtigen auf Entzug gesprochen. Dass ich einmal selbst in diesem Haus stationär behandelt werden würde, hätte ich mir damals nicht ausmalen können. Im Gegenteil: Die leidenden, für ewig gezeichneten Abhängigen hinterließen in mir so einen bleibenden Eindruck, dass ich mir geschworen hatte, nie in ihre Situation geraten zu wollen. Nun kam ich zwar nicht als Drogenabhängige in die Klinik, sondern als Depressive, aber an diesem Morgen fühlte es sich trotzdem so an, als wäre ich vom rechten Pfad abgekommen.

Die Aufnahme verlief so bürokratisch wie in anderen Krankenhäusern auch. Erst ging eine Dame im Erdgeschoss mit mir verschiedene belanglose Fragen durch und schickte mich dann mit den Papieren in der Hand auf meine zugewiesene Station. Station »Simon« lag im zweiten Stock des Hauptgebäudes und war nur für Frauen gedacht. Als ich mit meinem riesengroßen, schweren Koffer in der Hand und mit meinem Vater als Unterstützung die massive Stahltür öffnete, sah es dahinter fast wie in einem Krankenhaus aus: ein kahler Gang mit Zimmern, Pfleger in Kitteln, ungewaschene Patienten in Schlafanzügen – genau so, wie man es sich vorstellt. Der beißende Geruch von Desinfektionsmitteln tat sein Übriges.

Ich war noch nie in meinem Leben stationär in einem Krankenhaus behandelt worden, und umso unwohler fühlte ich mich nun. Was würden die hier wohl mit mir anstellen?

»So, ich gehe«, rief im nächsten Moment eine beleibte Frau Mitte vierzig an den Pflegerinnen am Empfang vorbei, während sie einen kleinen Koffer hinter sich herrollte.

»Ja, Frau Müller, aber nicht mit dem Koffer«, sagte eine der Pflegerinnen, stand auf und machte Anstalten, die Patientin wieder auf ihr Zimmer zu begleiten.

»Aber wieso denn? Ich darf doch nach Hause«, erwiderte sie verwundert.

»Na, weil Sie letztes Mal schon nicht wiederkommen wollten. Das sieht für mich ganz so aus, als wollten Sie es dieses Wochenende wieder versuchen. Sie dürfen über Nacht nach Hause, aber Ihre Sachen lassen Sie bitte hier!«

Mein Vater und ich schauten uns verwundert an. Ach herrje, das fing ja gut an.

Kurz darauf brachte mich eine junge Stationsärztin in einen alten Trakt des Klosters, in dem sich die Station bis vor Kurzem befunden hatte, um eine Aufnahmeuntersuchung durchzuführen.

Als erst die kleine Taschenlampe nicht funktionierte, mit der sie mir in den Rachen schauen wollte, und dann der vordere Teil des Hammers abfiel, bevor sie meine Kniereflexe testen konnte, musste ich mir ein Lachen verkneifen. Ich fühlte mich wie ein Teil einer bizarren Satiresendung. *Willkommen in der Klapse, Sarah!*, dachte ich bei mir.

Nach der körperlichen Inspektion fragte die Ärztin mich, was mich hierhergeführt hatte, wie es mir aktuell gehe und ob ich in der Vergangenheit schon Depressionen gehabt hätte, und schrieb fleißig mit. Mir fiel es schwer, über mein Befinden zu reden, hatte ich es doch in den letzten Monaten eher verschwiegen. Außerdem kannte ich diese Frau nicht mal eine halbe Stunde. So klangen die Worte, die ich fand, durchdacht und unemotional, als würde ich die Geschichte eines anderen Menschen erzählen. Gleichzeitig versuchte ich mit aller Kraft, nicht in Tränen auszubrechen.

Ausgebranntheit durch Uni und Arbeit, Depressionen, psychosomatische Magenprobleme, Panikattacken, so in etwa ratterte ich in Kurzform die Geschehnisse der letzten Monate herunter.

Zurück auf der Station, wartete mein Vater immer noch mit Sack und Pack auf mich; kurz darauf zeigte eine Pflegerin mir mein Zimmer. Ein Dreibettzimmer ohne Bad, einzig ein Waschbecken mit Spiegel gab es in einer Ecke. Ein Bett in der vorderen rechten Ecke sah belegt aus. Ich nahm mir das zweite, das von der Tür aus gesehen geradeaus am Fenster stand. Es war ein typisches Krankenhausbett mit Gummimatratze zum Hoch- und Runterfahren. Ich schob meinen riesigen Koffer erst einmal unter das Bett, statt meine Sachen in den Schrank zu räumen. So recht gefiel mir die Vorstellung nicht, hierbleiben zu müssen, und mit einem gepackten Koffer konnte ich mich wenigstens noch eine Weile an den Gedanken klammern, bald wieder zu gehen. So erwachsen, wie ich auch sein wollte, so war ich doch froh, dass mein Vater mir an diesem Tag nicht von der Seite wich.

Wir brüteten gerade über einer Broschüre mit den Therapieangeboten der Klinik, als die Pflegerin hereinkam, die mir mein Zimmer gezeigt hatte.

»Ich möchte mit Ihnen ein Aufnahmegespräch machen, Frau Remsky«, sagte sie nett, aber bestimmt und setzte sich mit einem Laptop an einen kleinen Tisch in der Ecke. Dabei würde sie auch sehr persönliche, psychologische Fragen stellen müssen, sagte sie. Wenn ich meinen Vater deshalb lieber nicht dabeihaben wollte, würde sie ihn aus dem Zimmer bitten. Aber ich entschied mich dafür, dass er bleiben durfte. Eigentlich war ich, vor allem dank der inzwischen sechs Jahre, die ich in London und Berlin fernab von meiner Familie lebte, sehr selbstständig. Aber an diesem ersten Tag in der Klinik fühlte ich mich so verängstigt und verwundbar angesichts der außergewöhnlichen Situation, in der ich mich befand, dass ich auf keinen Fall allein sein wollte. Ich wollte den Zeitpunkt, an dem ich in der Psychiatrie alleine meinen Gedanken und meiner Umgebung ausgesetzt sein würde, so lange wie möglich hinauszögern.

Auch die Pflegerin fragte mich, was mich in die Klinik geführt hatte, und ich wiederholte meine rationalisierte Zusammenfassung meiner letzten Monate und die Symptome. Unter den Fragen war auch eine zu meinen möglichen Vorerfahrungen mit illegalen Drogen – das Spezialgebiet der Klinik.

»Ich habe noch nie in meinem Leben illegale Drogen genommen«, antwortete ich wahrheitsgemäß. Die Pflegerin zog ungläubig die Augenbrauen hoch.

»Cannabis, Marihuana, nichts dergleichen?«

Ich schüttelte den Kopf. Sie schaute erst misstrauisch meinen nun lächelnden Vater an, dann wieder mich. »Frau Remsky, wir können Ihren Vater wirklich rausschicken, wenn es Ihnen dann leichterfällt zu reden.«

Da musste ich dann doch lachen. »Die Antwort wird dieselbe

sein, glauben Sie mir! Was Drogen angeht, bin ich echt unerfahren.«

Mit einem immer noch recht ungläubigen »Nun gut« fuhr sie mit den nächsten Fragen auf dem Formular fort. »Haben Sie Suizidgedanken?«

»Darüber nachgedacht habe ich schon – immer mal wieder. Aber akut nicht«, antwortete ich. Es war unbehaglich, über dieses Thema zu sprechen, vor allem so unpersönlich und formell – eine simple Formfrage in einem Formular, formeller ging es kaum. Es war mir natürlich klar, warum die Klinik sichergehen musste, dass ich nicht suizidgefährdet war. Denn das hätte eine strikte Beobachtung – vielleicht sogar auf einer anderen Station – erfordert.

»Hatten Sie jemals aktiv vor, sich umzubringen?«, fragte die Pflegerin nun ernst und gleichzeitig so, als hätte sie diese Frage schon tausendmal in ihrem Leben gestellt, was vermutlich stimmte. Ich verneinte.

Auf das Gespräch mit der Pflegerin folgte ein Aufnahmegespräch mit der Oberärztin. Langsam, aber stetig fühlte ich mich überfordert: So viele Kraftakte am ersten Tag, wo ich doch in den letzten Wochen kaum genug Energie gehabt hatte, um sechs Stunden am Stück wach zu bleiben. Die Oberärztin der Station »Simon« war eine strenge, hagere Dame Mitte fünfzig mit weißblondem Bob, deren Distanziertheit und Kälte mich schon bei dem Betreten des Raumes abschreckte.

»Frau Remsky, warum sind Sie hier?«, fragte sie. Also wieder von vorn. *Nun gut*, dachte ich und erzählte zum nunmehr dritten Mal meine Geschichte.

»Frau Remsky, Sie wissen, dass das hier eine Akutstation ist?«, unterbrach sie mich irgendwann.

Ich nickte verwirrt. »Ja, schon.«

»Sie werden wahrscheinlich ein bisschen mitbekommen haben,

mit welchen Fällen wir es hier zu tun haben. Diese Frauen sind kränker als Sie.«

Diese Worte stachen mir wie ein Messer in die Brust. Dass auf dieser Station schwer depressive, zuweilen persönlichkeitsgestörte und oftmals suizidale Frauen waren, sollte mir erst später klar werden; einen ersten Eindruck hatte ich allerdings schon bekommen.

Wollte die Oberärztin mir etwa vermitteln, dass ich nicht krank genug war, um mir in der Klinik Hilfe zu suchen? Das wäre eine Unverschämtheit. Zumal ich mich doch vorab ganz korrekt bei der Institutsambulanz vorgestellt und meine Beschwerden geschildert hatte.

»Das mag sein, aber ich bin auch krank. Und diese Station habe ich mir ja nicht selbst ausgesucht«, sagte ich etwas trotzig, aber wahrheitsgemäß.

»Wir stellen hier unsere Patientinnen medikamentös ein und stabilisieren sie. Zusätzlich können sie einen Teil des Therapieangebots wahrnehmen. Eine Gesprächstherapie gehört allerdings bei uns nicht dazu – und das ist wohl das, was Sie brauchen«, meinte die Oberärztin.

Ich konnte kaum glauben, was diese kalte Frau mir da gerade gesagt hatte. Psychische Behandlung ohne Gesprächstherapie? Das klang für mich wie totaler Nonsens.

»Auf der psychosomatischen Station ›Johannes‹ gehören Gesprächs- und Gruppentherapien zum Therapieprogramm. Ich glaube, dort gehören Sie auch hin. Ich werde mal mit den Verantwortlichen sprechen, ob eine Verlegung möglich wäre.«

Während sie sprach, verzog die Frau, die mich immer mehr an die Eiskönigin erinnerte, keine Miene.

»Das wäre großartig, ja«, antwortete ich völlig überfordert, wenn auch erleichtert. Ich fühlte mich hier nicht nur falsch, ich war hier falsch. Die psychosomatische Station klang für mich wie ein Lichtblick.

Das erste Mittagessen in der Klinikkantine sollte eines der besten bleiben, die ich in den Wochen meines Aufenthalts dort bekommen würde. Es gab Gulasch mit viel zu lange gekochten Nudeln, aber es schmeckte halbwegs gut gewürzt. Wegen der Aufregung des Tages musste ich mich zu jedem Bissen zwingen, während mein Vater genüsslich aß und das Essen lobte.

»Na, immerhin wirst du hier nicht verhungern«, sagte er. *Wie aufbauend*, dachte ich halb schmunzelnd, halb verzweifelt.

Als wir im zweiten Stock aus dem Aufzug stiegen und in Richtung der Station liefen, kam uns ein junger Mann mit lockigen schwarzen Haaren und Zweiwochenbart entgegen. Dass er ein Arzt sein musste, erkannte ich an seinem weißen Kittel, in dessen Brusttasche ein Haustelefon steckte. Darunter trug er einen ausgebeulten Wollpullover, Jeans und Sneakers. Wir gingen aneinander vorbei, lächelten und nickten höflich, da blieb er ganz plötzlich stehen, drehte sich zu uns um und fragte:

»Entschuldigung, sind Sie Frau Remsky?«

Ich nickte verwundert. Woher kannte er meinen Namen?

»Ich bin Herr Masyah von der Station ›Johannes‹. Gerade war ich auf der ›Simon‹, um mit Ihnen zu sprechen, aber Sie waren wohl beim Essen, schätze ich. Hätten Sie vielleicht ein paar Minuten Zeit für mich?«

Ich bejahte, und er schloss einen Raum direkt neben uns auf, in dem ein Sprechzimmer war. Meinen Vater ließen wir auf dem Klosterflur stehen.

»Also, die Oberärztin der Station ›Simon‹ hat bei uns angerufen. Sie denkt, dass Sie eigentlich auf eine psychosomatische Station wie die ›Johannes‹ gehören«, sagte er, als wir uns einander gegenüber an einen Holztisch gesetzt hatten. Ich nickte und sah mich um. Direkt neben der Tür war ein Waschbecken mit Spiegel angebracht, an der Wand zu meiner Linken stand ein unaufgeräumter Schreibtisch mit einem alten Computer, daneben ein sehr traurig dreinblickender Drachenbaum. Ich fühlte mich, als wäre ich durch die Zimmertür in die Achtzigerjahre zurückgereist.

»Nun gut, was führt Sie denn überhaupt zu uns in die Klinik, Frau Remsky?«, fragte Herr Masyah nach einem kurzen Moment der Stille. Er legte ein Bein auf das andere und lehnte sich lässig im Stuhl zurück.

Wie so vielen Menschen an diesem Tag erzählte ich auch ihm meine Leidensgeschichte: von meiner Überarbeitung, den Panikattacken, dem Alkohol, meiner Neigung zur Kauf- und Spielsucht, meiner wenigen Energie und dem vielen Schlaf, der inneren Leere. Der junge Stationsarzt hörte geduldig zu, nickte immer wieder nachdenklich und kippelte dabei mit dem Stuhl. Mit seiner lockeren Art wirkte er auf mich mehr wie ein Kumpel, vielleicht ein großer Bruder, aber definitiv nicht wie ein Psychiater. Als ich mit meinen Ausführungen am Ende war, sagte er:

»Okay, Sie haben Depressionen. Aber es muss Ihnen echt schlecht gegangen sein, wenn Sie hier in die Klinik kommen. Verstehen Sie mich nicht falsch, aber das ist ja keine Option, die ein junger, erfolgreicher Mensch wie Sie einfach so nimmt. Und wie Sie hier auftreten – Sie haben ein gepflegtes Äußeres, sind mir positiv begegnet und lächeln immer mal wieder ...« Er stockte. »Ich gehe mal nicht davon aus, dass Sie als Undercover-Journalistin hier sind und eigentlich eine Reportage schreiben wollen, oder?«

Da lachte ich auf – halb belustigt, halb empört.

»Nein, ganz sicher nicht!«, antwortete ich energisch. Da musste auch Herr Masyah lachen.

»Ja, gut, aber sehen Sie, Sie können immerhin lachen«, sagte er.

Da brach die Wut aus mir heraus. »Natürlich kann ich lachen. Klar kann ich Ihnen positiv entgegentreten und mich normal anziehen, wenn ich wirklich will. Aber das heißt noch lange nicht, dass ich nicht krank bin und Hilfe brauche, verdammt.« Nun liefen mir Tränen die Wangen herunter. »Ich kenne Sie gerade mal seit fünf Minuten. Ich bin nicht der Mensch, der sich so schnell derart öffnet, dass er vor Fremden emotional zusammenbricht. Es reicht schon, dass ich Ihnen so viel über meine Geschichte erzählen musste. Ich bin gut darin, eine Maske zu tragen – immer schon gewesen. Wie es aber in mir aussieht, können Sie nicht wissen.« Ich saß mit tränennassem Gesicht vor dem jungen Arzt. Er reichte mir ein Taschentuch.

Ich kann es nicht glauben – da treffe ich so eine schwere Entscheidung, mir Hilfe in einer Klinik zu suchen, und die nehmen mich nicht ernst, dachte ich im Stillen. Die glauben, dass ich nicht krank genug bin. Wusste ich's doch. Und dann diese irrsinnige Anschuldigung, eine Investigativjournalisint zu sein. Einfach nur unverschämt! Trotz allem geht es mir schlecht – schlechter als schlecht, egal was die alle meinen. »Ich bin nicht aus Spaß hier, da wüsste ich Besseres«, fügte ich hinzu, als ich mir die Tränen vom Gesicht gewischt hatte.

Herr Masyah schaute mich nun mit ernsterer Miene an. Er kippelte auch nicht mehr. Stattdessen erklärte er mir das Therapieprogramm auf der Station »Johannes«. Bis heute weiß ich nicht, ob seine Worte nur eine Taktik gewesen waren, um meine wahren Emotionen aus mir herauszukitzeln. Es sollte jedenfalls das letzte Mal sein, dass ich mich von ihm nicht ernst genommen fühlte.

Am Ende des Gesprächs sagte er mit einem Fingerzeig in die Richtung, in der die Station »Simon« lag: »Wir sind gerade noch voll belegt. Aber bis Montag hole ich Sie da raus!«

> *Wir wachsen nicht,
> wenn die Dinge einfach sind.
> Wir wachsen, wenn wir
> vor Herausforderungen stehen.*

Wie konnte es nur so weit kommen? Das war der Gedanke, der durch meinen Kopf hallte, während ich mit tränenüberströmtem Gesicht aus den hohen Klosterfenstern blickte. Es war dunkel draußen, Regen prasselte auf die Fensterbänke. Um halb sieben war ich das erste Mal eingeschlafen – da waren die zwei anderen Betten, die in dem kahlen, kalten Zimmer standen, noch leer gewesen. Jetzt schliefen zwei Frauen darin, während ich wach lag und grübelte. *Was zur Hölle ist in deinem Leben schiefgelaufen, Sarah, dass du in der Klapse gelandet bist?* Ich war erschöpft und verzweifelt, aber vor allem war ich in diesem Moment sauer auf mich selbst. War die Entscheidung für die Klinik wirklich nötig gewesen? Hätte ich es nicht vielleicht doch alleine geschafft? Ich nahm mein Handy in die Hand, öffnete WhatsApp und schrieb meiner Freundin Kim eine verzweifelte Nachricht. *Ich glaube, ich bin doch nicht verrückt genug für den Scheiß hier. Hilfe!* Immer mehr Tränen kamen, doch es half nichts. Ich hatte mich entschieden, und meine Entscheidungen hatten bislang immer gute Gründe gehabt. Ich war kein Abbrecher. Ich musste es zumindest versuchen. Eine Nachricht von Kim blinkte auf dem Display auf: *Oh Mann ... so schlimm?* Was für eine dumme Frage. *Ja ... wenn das so weitergeht, bin ich am Montag hier raus.* Diese Frist setzte ich der Psychiatrieerfahrung. Wenn es sich bis dahin noch so falsch anfühlte wie in diesem Moment, dann würde ich eine andere Lösung finden müssen, dachte ich mir.

Das erste Wochenende in der Klinik verging zäh. Ich durfte aus Sicherheitsgründen nicht länger als vier Stunden von der Station verschwinden, also blieben mir nur Kurztripps, um mich abzulenken. Tagsüber kamen meine Eltern zu Besuch, machten mit mir kurze Ausflüge zur Imbissbude, oder wir gingen auf dem Klinikgelände spazieren. Abends nahm mich mein Vater mit zu sich – er wohnte näher an der Klinik als meine Mutter –, kochte Abendessen und ließ mich bei sich duschen, weil ich dafür nicht die Gemeinschaftsduschen der Station nutzen wollte. Wenn meine Eltern nicht bei mir waren, also vor allem früh morgens oder abends vor dem Schlafengehen, fühlte ich mich unwohl und ängstlich, als hätte mich jemand in der Klinik ausgesetzt. Ich sehnte mich wie ein kleines Kind nach ihrem Schutz und konnte mir nicht vorstellen, die nächsten Wochen in den kalten, unheimlichen Klostermauern zu verbringen. Ich spielte mit dem Gedanken, mich selbst zu entlassen, sagte mir aber immer wieder, dass ich nun mal auf der falschen Station war. Ich wollte Herrn Masyah und der »Johannes« eine Chance geben. Letztlich hatte ich mich in der Hoffnung einweisen lassen, in der Klinik wieder auf die Beine zu kommen, und diese Hoffnung war ich noch nicht ganz bereit aufzugeben. Also würde ich zumindest bis Montag warten.

Die meisten anderen Patientinnen auf meiner Station fand ich ominös und hielt so gut wie möglich Abstand von ihnen. Dass mir eine der Frauen am Sonntag beim Frühstück von ihrer Beziehung und dem Sex mit einem berühmten Sänger erzählte – etwas, das sehr offensichtlich nicht wahr sein konnte, sie aber als sehr wahr empfand –, verstärkte dieses Gefühl in mir. Ich trank so schnell wie möglich meinen Kaffee aus und floh zurück auf mein Zimmer.

Vor allem aber schlief ich, wenn meine Eltern nicht da waren. In der ersten Nacht hatte ich mehr als zwölf Stunden gelegen, wenngleich mit Unterbrechungen durch die durchdrehende Zimmernachbarin. Aber auch in der Nacht von Samstag auf Sonntag schlief ich lang und machte tagsüber Nickerchen, wenn meine Eltern nicht da waren. Nun, wo ich aus meinem Alltag herausgerissen worden war und all der Stress der vergangenen Monate endgültig von mir abfiel, schien auch das letzte bisschen Restenergie aus meinem Körper entwichen zu sein. Ich konnte nicht anders als schlafen.

Dazu kam die unendliche Langeweile, die mein erstes Wochenende in der Klinik prägte. Plötzlich war ich ohne PC, Haushalts- oder Arbeitsaufgaben und wusste nichts mit mir anzufangen. All die Gedanken, die ich mit solchen Ablenkungen vorher meistens hatte unterdrücken können, wurden in dieser Leere immer lauter. Aber ich war noch nicht bereit, mich mit ihnen zu beschäftigen. Stattdessen verfiel ich umso mehr in meinen »Totstellmodus«, wie ich ihn gerne nenne: Ich schlief. Irgendwo hatte ich einmal gelesen, dass Menschen, die in ihrer Kindheit mit Problemen konfrontiert wurden, die nicht in ihrer Hand lagen und die sie deshalb nicht lösen konnten, im Erwachsenenalter im Angesicht von Problemen oftmals plötzlich sehr müde werden. Damit konnte ich mich nur zu gut identifizieren.

AUFBLÜHEN

HANNAH

Lasst uns dankbar sein für die Menschen, die uns glücklich machen. Sie sind die bezaubernden Gärtner, die unsere Seele aufblühen lassen.

MARCEL PROUST

Als am Montagmorgen eine Stationspflegerin in das Zimmer kam und sagte: »So, Frau Remsky, wir ziehen jetzt um«, war ich voller Vorfreude und ein bisschen panisch. Wie würde es wohl auf der »Johannes« werden? *Hoffentlich besser.* Und was für eine Zimmernachbarin würde ich bekommen? *Hoffentlich keine völlig bekloppte Alte.* Ob die Gruppe mich wohl gut aufnehmen würde? *Selbst wenn nicht, ich bin ja für mich hier.*

Ich packte meine Sachen in den großen Koffer und zwei Ikeataschen und machte mich gemeinsam mit der Pflegerin mit Sack und Pack auf zu der neuen Station. Sie lag auf demselben Stockwerk, einfach den Gang hinunter, rechts neben dem Aufzug und dem Treppenhaus. Als wir die Stationstür öffneten, fiel mir sofort auf, wie anders die »Johannes« im Vergleich zur »Simon« war. Hier sah nichts aus wie im Krankenhaus, und es gab auch keine Rezeption. Die Station war einfach ein langer, in den Klosterfarben gefliester Gang. Gleich an der Eingangstür befand sich das Pflegerzimmer, daneben die Sprechzimmer der Ärzte. Rechts und links den Gang entlang lagen hinter braunen Türen elf Patientenzimmer. Vor allem stachen mir aber die vielen Pflanzen ins Auge, die den Stationsgang säumten. So auffallend grün war es auf der »Simon« nicht gewesen. Ich lächelte. *Ein gutes Zeichen.*

Die Pflegerin brachte mich auf Zimmer Nummer 11 am linken Ende des Ganges. Die zusammengewürfelten Holzmöbel inklusive zweier dunkelbrauner, hochfahrbarer Betten ließen den Raum zwar altmodischer als auf der Station »Simon«, aber viel gemütlicher wirken. Außerdem hatte das Zimmer ein eigenes Bad mit Dusche. Auf der rechten Raumseite hatte sich schon jemand eingerichtet: Auf dem Bett und einem Stuhl lag Kleidung, an der Garderobe hingen Jacken, und Schuhe standen darunter. Das Bett auf der linken Seite war dagegen völlig unberührt.

Kaum hatte ich mich auf dem gemachten Bett niedergelassen, betrat ein junges Mädchen in Jogginghose und Hoodie den Raum. Sie hatte schwarzblau gefärbte Haare, eine sehr zierliche Figur und eine Ausstrahlung, die mir gleich sympathisch war. Hannah war neunzehn Jahre alt und seit einer Woche auf der Station. Davor war sie auf einer Akutstation wegen Suizidgefahr unter Beobachtung gewesen. Es war ihr dritter Aufenthalt in einer Psychiatrie, aber der erste in einer Klinik für Erwachsene. So unsicher, zerbrechlich und komplex, wie Hannah war, so cool und aufgeschlossen wirkte sie.

Sie sollte für die kommenden sieben Wochen meine Zimmergenossin bleiben – ein großes Glückslos, wie wir beide schnell merkten. Obwohl die Gründe, die uns in die Klinik gebracht hatten, oberflächlich gesehen ziemlich unterschiedlich waren, waren wir uns in vielen Dingen so ähnlich und nahe, dass wir uns besser verstanden, als der Großteil der

Menschen uns je verstehen könnte. Natürlich war es auch unsere Krankheit, die Depression, die uns vereinte, aber unsere Freundschaft nur darin zu begründen wäre falsch. Einmal sagte sie mir, ich sei wie die große Schwester, die sie sich immer gewünscht hatte, und das traf das Band zwischen uns wohl am ehesten.

In meinen ersten Tagen auf der Station half Hannah mir, mich zurechtzufinden, und machte mich mit den Routinen bekannt. Sie begleitete mich zu Therapien, zeigte mir Räume und nahm mich mit zum Mittagessen oder auf Spaziergänge. Sie integrierte mich in die Gruppe, die aus etwa zwanzig Frauen und Männern in unterschiedlichen Altersklassen und mit den unterschiedlichsten sozialen Hintergründen bestand. Erstaunlich viele waren jedoch in meinem Alter. Da gab es die gemobbte Einzelhandelskauffrau, den frisch getrennten Finanzberater, den von Ängsten getriebenen Arbeitslosen oder mich, die ausgebrannte Studentin – wir alle litten unter Depressionen oder Angststörungen, manche auch in Kombination mit Persönlichkeitsstörungen wie Borderline. Aber im Gegensatz zu den Patienten der anderen Stationen war keiner von uns akut gefährdet oder gefährlich.

Alle Gärtner leben an schönen Orten, weil sie sie zu solchen machen.

JOSEPH JOUBERT

In den ersten Tagen auf der Station »Johannes« hatte ich noch keinen Wochenplan wie die anderen Patienten. Mein Arzt und Therapeut Herr Masyah hatte es für sinnvoll gehalten, dass ich mich erst einmal einlebte und in die Gruppe integrierte. Da ich immer noch den halben Tag lang schlief, war ich ihm recht dankbar. Wenn ich wach war und Hannah bei der Therapie, wusste ich jedoch häufig nichts mit mir anzufangen. Ich hatte mich lange Zeit konsequent abgelenkt und beschäftigt gehalten, so wie es die meisten Menschen dieser Tage tun. Jetzt, wo ich nichts zu tun hatte, quälten mich meine depressiven Gedanken wie zuvor auf der alten Station. Die Klinik fühlte sich wie ein Gefängnis an, beängstigend und einengend, und mein Leben wie ein Rätsel, das schon lange keinen Sinn mehr ergab.

Um Zeit totzuschlagen, ging ich immer wieder in die große Küche, die am anderen Ende des langen Stationsganges lag, um mir einen Kaffee zu holen und dabei womöglich etwas frisch von der Hausküche Gebackenes vorzufinden. Dabei konnte ich nicht umhin, die ganzen Pflanzen zu bestaunen und zu bemitleiden, die den Gang säumten. Viele waren wunderschön und einige selbst für die hohen Klostergemäuer riesig. Drachenbäume, Fici, Gummibäume und sogar eine Calathea standen den Gang entlang. Sie alle wurden allerdings von den Stationsbewohnern wie dem Personal kaum gepflegt, nur gegossen – und das sah man ihren verstaubten, angegrauten Blättern an. Die Pflanzenmama, die ich inzwischen geworden war, konnte das nur schwer mit ansehen. So stark verstaubte Pflanzen haben es schwer, Licht aufzunehmen und somit genügend Fotosynthese zu betreiben. Sie litten augenscheinlich, wenn auch nicht sichtbar für andere – und ich mit ihnen. Zwar hatte ich in diesen Tagen kaum die Kraft für soziale Interaktionen oder körperliche Betätigungen, aber ich konnte es nicht mit ansehen, wie diese grünen Lebewesen vernachlässigt wurden. Also griff ich nach einem sauberen Wischlappen in der Küche, befeuchtete ihn leicht und begann, die Pflanzen Stück für Stück und Blatt für Blatt zu entstauben. Nach mehr als einer Stunde hatte ich erst etwa ein Drittel der Pflanzen von Staub befreit – besonders die Fici mit ihren vielen kleinen Blättern trieben mich in den Wahnsinn. Aber an aufgeben war nicht zu denken. Pflanzen weckten in diesen Tagen Kräfte in mir, die ich nicht mehr zu haben geglaubt hatte.

Für meine Stationsgenossinnen und -genossen, die nach ihren Therapien nach und nach eintrudelten, musste ich, die fröhlich mit einem Lappen die Pflanzen abwischte, ein wahrlich merkwürdiges Bild abgeben. Einige fragten verwundert, was ich denn da tat.

»Die Pflanzen müssen entstaubt werden!«, war meine Antwort dann immer, was sie nicht weniger verwunderte. Andere gaben sich damit zufrieden, lächelnd oder stirnrunzelnd an mir vorbeizugehen. Herr Masyah blieb auf dem Weg ins Stationsarztzimmer kurz stehen, blickte mich fragend an, lachte und verschwand. Eine andere Stationspsychiaterin lächelte und sagte: »Das finde ich super, dass Sie sich der Pflanzen so annehmen, Frau Remsky! Das wurde eh höchste Zeit, dass das mal jemand macht.« Jedenfalls, so dachte ich mir im Stillen und musste immer wieder lachen, war jetzt allen klar, dass ich *wirklich* in die Psychiatrie gehörte. Von da an war ich während meiner Zeit auf der Station als die Pflanzenliebhaberin bekannt – und ich sollte meinem Namen noch alle Ehre machen.

AUFBLÜHEN

EIN WENIG GELASSENHEIT

Wenn du Samen im Garten pflanzt, gräbst du sie nicht jeden Tag wieder aus, um nachzusehen, ob sie schon aufgekeimt sind. Du gießt sie einfach und jätest all das Unkraut, denn du weißt, dass die Samen mit der Zeit wachsen werden.

THUBTEN CHODRON

Mitte der ersten Woche rief mich Herr Masyah zu sich, um mit mir mögliche Therapien auszuwählen. »Die Entspannungsmethoden drücke ich Ihnen auf, da kommen Sie nicht drum herum!«, sagte er gleich zu Beginn, und wir mussten beide lachen. Auch Morgensport wählte er für mich aus, damit ich mit mehr Energie in den Tag kam. Meine morgendliche Anwesenheit während meiner Klinikzeit war an einer Hand abzuzählen – ich bin und bleibe ein unerträglicher Morgenmuffel –, aber immerhin klappte es zwischendurch. Leistung war das Letzte, was ich mir in der Klinik abverlangen wollte. Außerdem wählte ich Physiotherapie, die meine Rückenschmerzen lindern sollte – seitdem ich mit dreizehn Jahren einen Bandscheibenvorfall gehabt hatte, war mein Rücken selten völlig schmerzfrei gewesen. Tanztherapie, weil ich bis zum Schulabschluss mit viel Freude getanzt, aber seitdem den Zugang dazu verloren hatte. Ergotherapie war eine Pflichttherapie, von der die meisten meiner Stationsgefährten aber schwärmten, weil die Therapeutin so gut sein sollte. Dann die Depressionsgruppe, die wie eine psychologische Lernveranstaltung über die Krankheit gestaltet war, damit die Patienten über Symptome, Frühwarnzeichen, Behandlungsmöglichkeiten und Ähnliches aufgeklärt wurden. Außerdem die stationseigene Psychotherapiegruppe, in der wir Themen, die für uns wichtig waren, ansprechen und mit den anderen Patienten sowie zwei Therapeuten ausdiskutieren konnten. Mit Herrn Masyah würde ich ein Mal pro Woche eine Einzeltherapiestunde haben. Mein Plan war leerer als der der meisten anderen auf der Station, weil er mich nicht überfordern wolle. Es sei ohnehin mein Muster, so Herr Masyah, und das sollten wir hier nicht fortsetzen. Stattdessen solle ich meine Grenzen erkennen und mit ihnen umgehen lernen. Mein neuer Wochenplan sollte ab der kommenden Woche gelten. Von Samstag auf Sonntag durften alle Patienten der Station »Johannes« nach Hause, wenn sie wollten. Am Wochenende fanden ohnehin keine Therapien statt, und die Psychiater hielten es für wichtig, dass wir uns immer wieder auch in der »echten Welt« erprobten. Im Kloster, wie ich die Klinik bis heute gerne nenne, waren wir mit unseren leidenden Seelen wie durch einen unsichtbaren Samtumhang aus Verständnis und Fürsorge geschützt – »da draußen«, wie wir Patienten es gerne nannten, wartete der harte Wahnsinn der Welt, aus der wir hatten entfliehen wollen. Trotzdem sollte auch ich mich von da an jedes Wochenende nach Hause wagen. Das kaum aushaltbare erste Wochenende in der Klinik war mir mehr als genug gewesen.

»Ja, Frau Remsky, erzählen Sie mir zuerst noch einmal, warum Sie hier sind. Was ist Ihre Geschichte?«

In der zweiten Woche nach meiner Ankunft saß ich mit Herrn Masyah in seinem Stationszimmer zu unserem ersten richtigen Therapiegespräch zusammen. Auf dem quadratischen Holztisch zwischen uns, der besser in eine Schule als in die Psychiatrie gepasst hätte, standen die wichtigsten Utensilien eines jeden Therapeuten: eine Uhr und Taschentücher.

»Ich bin jedenfalls nicht als Undercover-Journalistin hier«, antwortete ich lächelnd – diesen Stich hatte ich mir nicht verkneifen können. Masyah lachte.

»Nein, das glaube ich auch gar nicht. Ich frage mich nur: Sie wirken so normal, ganz gut gelaunt, als hätten Sie Ihr Leben im Griff. Woran liegt's?« Er kippelte erneut auf seinem Stuhl, mit einem Fuß auf dem Knie des anderen Beins, wie immer in Jeans, Sneakers und Wollpullover. Nur der weiße Kittel und das Funktelefon, das ab und an bimmelte, ließen erahnen, dass er kein Besucher war.

Bevor ich mich erklären konnte, brach ich schon in mich zusammen. Die viele Ruhe der letzten Tage hatte mich aufgewühlt. Nun, da ich mich nicht mehr ablenken konnte, waren die panischen, depressiven Gedanken über mich gekommen wie eine Grippe, die man bis zum Anfang eines Urlaubs verschleppt hatte.

»Ich kann einfach nicht mehr«, schluchzte ich vor mich hin, nachdem ich die vergangenen Monate für ihn umrissen hatte.

Herr Masyah nickte immerzu und legte dann nachdenklich seine Hand ums Kinn.

»Mhh, okay ... Ich kann Ihnen auf jeden Fall sagen, Frau Remsky: Das kriegen wir wieder hin! Ich verspreche Ihnen, dass Sie als gesunder Mensch hier wieder rausgehen.«

Ich starrte ihn ungläubig an. »Wieso denken Sie das?«

»Nun, Sie sind gerade in einer depressiven Phase, aber die ist hauptsächlich durch reale Gegebenheiten entstanden. Anders gesagt: Unter dem Stress und Druck, den Sie hatten, ist es nicht verwunderlich, dass Sie zusammengebrochen sind. Das ist keine grundlegende psychische Störung.«

Ich nickte. Zwar war diese depressive Episode nicht meine erste, doch auch die vorangegangenen hatten, wenn ich so darüber nachdachte, ganz klare Auslöser gehabt: der Sommer, in dem ich entschied, nach London zu gehen. Die Phase während meiner Bachelorarbeit kurz vor meinem Abschied aus England. Der darauffolgende Sommer, bevor ich nach Berlin ging. Die Zeit nach meiner Kündigung aus meinem ersten Studentenjob. Jetzt die Masterarbeit und der Jobstress. »Sagen Sie das allen Patienten – so als Motivation?«, fragte ich schließlich.

Herr Masyah lachte wieder. »Ja, das ist eine berechtigte Frage. Ich finde es gut, dass Sie so konfrontativ sind, Frau Remsky, und fragen, statt zu grübeln! Aber um auf Ihre Frage zu antworten: Nein, das tue ich nicht. Es gibt viele Patienten hier, die wir durch eine akute Phase begleiten, denen wir Werkzeuge an die Hand geben, um mit ihrer Krankheit umzugehen, aber von denen wir wissen: Die werden ihr Leben lang damit zu tun haben. Das sehe ich bei Ihnen nicht so.«

Dass Herr Masyah an meine Genesung glaubte, und zwar von Anfang an, bedeutete mir viel. Es gab mir Hoffnung, irgendwann wieder die Sarah zu werden, die ich einmal gewesen war. Nur mit mehr Wissen und Werkzeug, um besser auf mich aufzupassen – und noch viel wichtiger, das sollten mich die Wochen in der Klinik lehren, mit mehr Selbstliebe.

Herr Masyah war es auch, der die Idee hatte, mich auf andere Antidepressiva umzustellen.

In meiner depressiven Episode zum Ende meines Bachelorstudiums 2015 hatte ich zum ersten Mal Medikamente gegen meine Depressionen bekommen. Auch damals hatte ich kaum Kraft, um mich durch den Tag zu bringen. Ich hatte Todesgedanken und Nervenzusammenbrüche. Die ersten Medikamente, die mein Hausarzt mir notdürftig verschrieb, machten mich unglaublich müde – so quälte mich zwar nicht mehr jeden Abend die Schlaflosigkeit, aber mein Kopf war auch tagsüber wie gelähmt. Außerdem trockneten sie meinen Mund so sehr aus, dass sich mein gesamtes Zahnfleisch entzündete. Als ich eines Abends plötzlich halluzinierte, eine riesige Spinne würde über meinem Bett hängen, setzte ich sie endgültig ab. So eine Wahnvorstellung habe ich seitdem zum Glück nie wieder gehabt.

Ich höre oft von Menschen, dass sie keine Antidepressiva nehmen wollen, weil sie dann nichts mehr spüren würden und sich ihr Charakter verändere. Aus meiner Erfahrung heraus sind die Medikamente, die diese Wirkung auf einen Menschen haben, meist einfach die falschen für den jeweiligen. Die Antidepressiva, die ich damals über kurze Zeit nahm, hatten eine solche Wirkung auf mich, und sie halfen mir auch nicht mit meinen Depressionen. Die Psychiaterin, zu der mich mein Hausarzt daraufhin verwies, verschrieb mir schließlich andere Antidepressiva, die zu meinen Symptomen passten. Seitdem nahm ich Fluoxetin, einen Serotonin-Wiederabbauhemmer. Diese Art von Antidepressiva verlangsamt die Verarbeitung des Glückshormons Serotonin im Gehirn. Sie wirken damit stimmungsaufhellend und antreibend.

»Fluoxetin gehört zu einer früheren Generation der Antidepressiva, die heute als fast überholt gilt«, sagte Herr Masyah mir in einer ärztlichen Sprechstunde. »Haben Sie zufällig in den letzten Jahren zugenommen?« Dass das Medikament auch zur Behandlung von Bulimie angewandt wurde, wusste ich. Herr Masyah war jedoch der erste Arzt, der einen Zusammenhang zwischen dem Medikament, meinem erhöhten Hungergefühl und der daraus resultierenden Gewichtszunahme herstellte. Ich nickte. Seitdem ich angefangen hatte, Fluoxetin zu nehmen, hatte ich mehr als zehn Kilogramm zugenommen. »Ja, das dachte ich mir. Dann wäre es doch gut, wenn wir ein anderes Medikament ausprobieren würden. Vor allem, da Sie Fluoxetin ja nicht vor Depressionen bewahrt hat.«

Er hatte recht. Vor drei Jahren hatte mir das Medikament zwar aus der depressiven Episode herausgeholfen und mehr Antrieb gegeben, aber dieses Mal war ich trotz Fluoxetin in die Depressionen abgeglitten.

Also wurde ich in der Klinik auf Venlafaxin umgestellt – ein Antidepressivum, das zusätzlich zu Serotonin auch die Wiederaufnahme von Noradrenalin vermindert. Wie andere Antidepressiva wird auch Venlafaxin eingeschlichen, das heißt, die Dosis wird über mehrere Tage immer weiter erhöht, bis der Serotoninspiegel im Blut im Normalbereich liegt. Man sagt, dass es etwa zwei Wochen dauert, bis man die stimmungsaufhellende Wirkung bemerkt – mehr Energie gibt das Medikament aber von Anfang an, weswegen Psychiater solche Antidepressiva immer mit dem Hinweis auf erhöhte Suizidgefahr in den ersten zwei Wochen verschreiben müssen.

Ich spürte die Wirkung recht schnell und war dankbar, dass meine unglaubliche Müdigkeit endlich weniger wurde. Es war erleichternd, nicht mehr bei jeder Handlung um Kraft ringen zu müssen. Ich schlief nachts nun nur noch etwa neun Stunden und versuchte, so selten wie möglich einen Mittagsschlaf zu machen. Auch das hatte mir Herr Masyah aufgetragen.

»Ihr Körper ist es inzwischen gewohnt, nachmittags eine Pause zu bekommen, das müssen Sie ihm wieder abgewöhnen.« Dies war ein schwieriger Prozess für mich, besonders weil die täglichen Therapien mich anstrengten. Es erforderte sehr viel Energie, über mich und meine Psyche zu sprechen und an ihr zu arbeiten. Trotzdem gelang es mir immer besser, mich nicht mittags hinzulegen.

Auch meine Stimmung wurde trotz der immer dunkleren Tage besser, und meine Ängste wurden weniger. Für jemand Depressiven wie mich, der stundenlang in düsteren Gedankenschleifen versinkt und dem die Ängste den gesamten Körper verkrampfen, ist etwas Gelassenheit (nicht Gefühllosigkeit!), die Antidepressiva geben können, eine immense Erleichterung.

Tatsächlich war ich meine Magenschmerzen und -krämpfe, mit denen ich monatelang zu kämpfen gehabt hatte, schon nach der ersten Woche auf Station »Johannes« fast los. Mein Magen war zwar inzwischen kein gewürztes oder scharfes Essen mehr gewohnt und reagierte darauf noch manchmal irritiert, aber die chronische Übelkeit und die Schmerzen waren verschwunden. Alkohol war in der Klinik natürlich verboten – auch das half meinem geschundenen Magen. Ich merkte immer deutlicher, wie krank mich meine Lebensweise gemacht hatte.

MEIN *HAPPY PLACE*

Die Liebe zum Gärtnern ist ein Samen, der, ist er einmal gesät, niemals stirbt.

GERTRUDE JEKYLL

Mein Lieblingsort auf dem Klostergelände war die Gärtnerei. Sie lag hinter dem Hauptgebäude, weniger als hundert Meter vom Ladeeingang entfernt, den wir Patienten gerne als regulären Eingang nutzten, um in andere Gebäude der Klinik zu gelangen. Sie war eine ganz normale, für die Öffentlichkeit zugängliche Gärtnerei, nur gehörte sie eben zu einer Psychiatrie. Ich liebte es, durch die Innen- und Außenbereiche zu stromern, wenn ich zwischen meinen Therapien Zeit hatte. Besonders wohl fühlte ich mich natürlich in der Zimmerpflanzen-Abteilung, in der ich bei meinen fast täglichen Besuchen bald jede Änderung und jede neu eingetroffene Pflanze bemerkte: Keine neue oder von den Tischen verschwundene, also verkaufte Pflanze entging mir. Wissbegierig war ich schon immer – und Pflanzenwissen saugte ich mit Leidenschaft auf wie ein Schwamm. Aus Büchern, die ich mir zugelegt hatte, aber vor allem dank Informationen aus dem Internet kannte ich inzwischen den Großteil der lateinischen Namen der Pflanzen, die ich in der Gärtnerei vorfand. Nur, dass sie hier im Gegensatz zu meinen Erkundungstouren auf Instagram und Google lebendig vor mir standen, ich sie anfassen und erforschen konnte. Die Klostergärtnerei wurde zu meinem *happy place* in der Klinik, wo ich meine Seele baumeln lassen und die in den Therapien besprochenen Themen verarbeiten konnte. Die vielen Pflanzen vermochten es, mich gleichzeitig zu beruhigen und zu begeistern.

Manchmal nahm ich auch das ein oder andere Pflänzchen aus der Gärtnerei mit, und so wurde Zimmer 11 mit der Zeit immer grüner und heimeliger. Hannah hatte nichts gegen meine Pflanzen, im Gegenteil: »Ich finde sie schön, solange du sie pflegst und nicht ich«, lautete ihr Motto. Zum Ende meiner Klinikzeit standen um die sieben Pflanzen in unserem Zimmer vor dem hohen Klosterfenster. Die anderen Stationspatienten nannten es nur noch »das Dschungelzimmer«.

Es tat mir gut, auch in der Klinik weiterhin Pflanzen bei mir zu haben, die ich liebte und um die ich mich kümmern konnte. Ich wollte diese Art von Verantwortung nicht mehr missen.

Die Pflanzen auf dem Stationsgang hatten mit dem Abstauben ihre nötige Pflege bekommen – zwar hätte ich sie nur allzu gerne regelmäßig gegossen, zugeschnitten oder anderweitig gepflegt, aber das war Aufgabe des Gärtnereipersonals und für Patienten strikt untersagt. Es seien schon zu viele Pflanzen »totgegossen« worden, hieß es zur Begründung. So blieb mir nichts anderes übrig, als mich an ihrem neu ergrünten, weil entstaubten Aussehen zu erfreuen und mich so gut es ging davon abzuhalten, zur Gießkanne zu greifen, wenn mir angesichts einer vertrocknenden Calathea mal wieder die Hände kribbelten (zugegebenermaßen: die eine oder andere geheime Gießaktion gab es trotz alledem).

Nach und nach sprang meine Pflanzenfaszination auch auf andere Patienten der Station über. Ich sprach viel darüber, wie Pflanzen und ihre Pflege mir halfen, aus meinem Kopf in den gegenwärtigen Moment zu kommen, und mir durch ihr Wachstum besonders an schlechten Tagen Freude, Hoffnung und vor allem eine Aufgabe und etwas Verantwortung gaben. Diejenigen, die einen Blick in Hannahs und mein Zimmer warfen, waren immer erstaunt, wie sehr es sich wie ein Zuhause anfühlte. Das lag wohl zum einen daran, dass wir zwei unglaubliche Chaoten waren und das Zimmer allein schon dadurch belebt aussah, zum anderen aber noch mehr an den Pflanzen, die in ihm lebten. Bei unseren täglichen Morgen- und Abendrunden, in denen wir erzählen sollten, wie es uns ging, wie unser Tag war und Ähnliches, sprachen nun mehrere meiner Stationsgenossen davon, wie sie von mir mitbekommen hätten, wie gut Pflanzen täten, und dass sie sich nun in der Gärtnerei eine Pflanze (oder manchmal sogar mehrere) für ihr Stationszimmer geholt hätten. Hier und da half ich ihnen dann beim Eintopfen oder, wenn sie danach fragten, auch bei der Auswahl der passenden Pflänzchen in der Klostergärtnerei. Dass ich andere Menschen mit meiner Leidenschaft anstecken und ihnen auf diese Weise bei der Bewältigung ihrer Depressionen helfen konnte, freute mich unglaublich.

Genau das war auch der Grund, warum ich während meiner Klinikzeit begann, zu den Bildern meiner Pflanzen auf Instagram ausführlichere Bildunterschriften zu schreiben, die sich mit dem Thema Depressionen und meinem Leben mit dieser Krankheit befassten. Meine anfängliche Scham darüber, dass mich mein Lebensweg in die Psychiatrie geführt hatte, war dem Bedürfnis gewichen, ehrlich und offen damit umzugehen. Ich wollte Menschen ein wenig aufklären, die kein Wissen über Depressionen hatten, und anderen Erkrankten beistehen. Gleichzeitig war ich die meist kurzen, oberflächlichen Instagram-Bildunterschriften satt. Also nannte ich meinen Account in @misscalathea um – ein Name, mit dem ich aus Liebe zu meinen Seelenpflanzen, den Calatheen, schon länger geliebäugelt hatte – und begann, über meine Zeit in der Klinik und meinen Kampf mit Depressionen zu schreiben. Dazu postete ich Bilder meiner eigenen Pflanzen oder, weil ein Großteil von ihnen nicht vor Ort, sondern bei meinem Vater stand, anfänglich auch von Pflanzen aus der Klostergärtnerei. Es war so erleichternd, meine Scham und Angst vor Ablehnung zu überwinden und meine Depressionen nicht mehr geheim zu halten, die mich in den vergangenen Jahren – vielleicht sogar seit meiner Kindheit, wie ich inzwischen vermutete – immer wieder phasenweise begleitet hatten.

> *Wenn eine Pflanze nicht in Einklang mit ihrer Natur leben kann, stirbt sie; dasselbe gilt für einen Menschen.*
>
> HENRY DAVID THOREAU

Anfangs hatte ich Zweifel daran, wie viel mir die Therapien helfen würden, die ich neben den Gesprächen mit meinem Psychiater und in der Gruppe hatte. Tanzen, Malen und Sport gegen Depressionen – das erschien mir eher eine zeitvergeudende Ablenkung als ein wirkliches Bearbeiten meiner Probleme zu sein. Doch ich hatte zu voreilig geurteilt.

Die Ergotherapeutin Frau Montag war jünger als ich, mit kinnlangem roten Haar, immer hip gekleidet, und hatte so eine grazile Figur, dass man Angst hatte, sie zerbräche gleich. Tatsächlich waren ihre positive Ausstrahlung so unverwüstlich und ihr Einfühlvermögen so unermüdlich, wie ich es selten bei einem Menschen erlebt hatte. In meine erste Ergotherapiestunde ging ich mit einem mulmigen Gefühl und war voller Angst, ich müsse gleich etwas therapeutisch Wertvolles malen. Das hatten die Kinder- und Jugendtherapeuten, zu denen ich nach der Scheidung meiner Eltern gegangen war, immer wieder von mir gefordert. Obwohl ich in meiner Jugend zwischenzeitlich sehr gerne gemalt hatte, war Malen nie mein Weg gewesen, um mich und meine Gefühle auszudrücken. Musik und Worte waren viel mehr mein Ding.

Die Angst, malen zu müssen, nahm Frau Montag mir glücklicherweise schnell: Jede zweite Stunde stellte sie ein Thema, an dem wir arbeiten sollten, aber nicht mussten, wenn wir wirklich nicht wollten – sie hätte uns nie zum Malen gezwungen, therapeutischer Nutzen hin oder her. Sie ließ mir selbst die Wahl, was ich in der Ergotherapie zuerst machen wollte: Neben Malen konnte ich zwischen Schnitzen, Sägen, Korbflechten, Brennen, Töpfern, Specksteinbearbeitung und allerlei anderen Möglichkeiten auswählen.

In der Jugend-Kunsttherapie hatte ich es geliebt, mit Ton zu arbeiten – und so wurde mein erstes Ergotherapieprojekt ein Monsterablatt aus Ton, das heute mein Pflanzenregal ziert. Die Inspiration dafür kam von der riesigen Monstera, die sich entlang eines Pfeilers im Ergotherapieraum unterm Dach der Klinik emsig in Richtung des Dachfensters rankte. Das Blatt sollte nicht mein einziges Tonwerkstück bleiben: Darauf folgte eine Seerose. Feuchter Ton in meinen Händen wirkte ähnlich belebend auf mich wie Blumenerde.

Später sollte ich mich in der Ergotherapie freiwillig daranwagen, mit Acryl zu malen, und merken, dass besonders wildes Matschen und Klecksen in meinen Lieblingsfarben Rot, Blau und Gold mich glücklich machte. Nach und nach entdeckte ich meine kreative Seite fernab des Verstandes wieder. Ich erkannte, dass ich mit meinen Händen etwas erspüren und erschaffen konnte, und noch mehr, wie sehr ich das vermisst hatte. Nach und nach erlaubte ich mir wieder, mich inmitten von Tonstaub und Acrylklecksen gehenzulassen, mich dreckig zu machen und meiner Kreativität freien Lauf zu lassen, statt effizient und produktiv zu sein. Es fühlte sich an, als würde ich schrittweise einen wichtigen, aber verkümmerten Teil von mir wieder zum Leben erwecken. Mit der Rückkehr meiner Kreativität wurde mein Leben, im wahrsten Sinne des Wortes, wieder bunter.

Ähnlich war es in der Tanztherapie. Als ich diese mit Herrn Masyah ausgesucht hatte, hatte er auf mein zweifelndes »Ich tanze sehr gerne, aber das klingt ein bisschen esoterisch« gelacht und mit einem Zwinkern gesagt: »Probieren Sie es doch einfach mal, wir können die Wahl ja noch ändern. Wobei, ein wenig eso ist es schon.« Auch unter den Patienten waren die Meinungen gespalten: Während einige die Tanztherapeutin und ihre Methoden ganz toll fanden, hatten andere nach den ersten Stunden die Therapie gewechselt.

In der Tanztherapie gab es, im Gegensatz zu üblichen Tanzräumen, keine Spiegel. Böse Zungen würden behaupten, das sollte verhindern, dass wir beim Anblick unser eigenen nicht vorhandenen Grazilität die Lust am Tanzen verlören. Tatsächlich ging es vielmehr darum, den Fokus weg vom Außen ins Innere zu verlegen und darauf zu achten, wie wir uns fühlten. Dass sich nicht jeder darauf einlassen konnte, sich durch Körperbewegungen auszudrücken und beispielsweise seine Gefühle zu tanzen, wie wir es in der Therapie taten, konnte ich verstehen. Doch so eigentümlich, wie ich mir manchmal bei den Übungen vorkam, so befreit fühlte ich mich danach. Ich hatte jahrelang nicht mehr getanzt und vergessen, welch eine Energie es in mir auslöste. In den letzten Monaten hatte ich meinen Körper, wo es nur ging, ignoriert – in der Tanztherapie nahm ich Schritt für Schritt wieder Kontakt zu ihm auf, wie zu einem alten, zwischenzeitlich verloren gegangenen Freund.

Ich hatte mich in den Monaten vor meinem Klinikaufenthalt nur noch in Notfällen im Spiegel angesehen, so unverbunden hatte ich mich mit der Person gefühlt, die sich darin zeigte. In der Klinik wagte ich es nach einiger Zeit wieder. Ich sah, dass meine Augen nicht mehr so stierend leer waren wie zuvor, so schmerzerfüllt und gleichzeitig tot. Ein kleines Funkeln war zurückgekommen. Gleichzeitig begann ich, mich wieder öfter so anzuziehen, wie es wirklich mein Stil war: Kleider, Röcke oder Taillenshorts, britisch angehaucht, kaum Jeans. Die zu großen Stoffhosen und Jerseyoberteile, in denen ich verschwinden konnte, nahm ich immer seltener aus dem Schrank. Außerdem schminkte ich mich wieder wie früher – nicht jeden Tag und obsessiv, um mich hinter einer Maske zu verstecken, wie ich es getan hatte, bevor ich die Kraft dafür verlor, sondern als Teil der Selbstwertschätzung. Wenn ich mich nun schminkte, nahm ich bewusst jeden einzelnen Teil meines Gesichts wahr, den ich mit Kosmetik bedeckte. Schminken fühlte sich für mich nun viel mehr an wie pflegende Selbstfürsorge: Ich strich mir zärtlicher über die Haut, wenn ich meine Grundierung auftrug, so wie ich meinen Pflanzen über die Blätter strich. Ich schaute mich wohlwollend im Vergrößerungsspiegel an, als würde ich jedes Detail von mir neu und genauer entdecken. Im Grunde tat ich das ja auch – nicht nur beim Schminken. Schritt für Schritt fand ich wieder zu mir selbst zurück.

WAS DER KOPF WILL
UND DAS HERZ BRAUCHT

Pflanzen sind mutiger als fast alle Menschen: Ein Orangenbaum würde eher sterben, als Zitronen zu produzieren, währenddessen die Durchschnittsperson eher jemand sein würde, die sie nicht ist, als zu sterben.

MOKOKOMA MOKHONOAN

Bisher haben Sie immer alles geschafft, obwohl Sie zu allem Ja gesagt haben. Irgendwann im Leben kommt aber ein Punkt, an dem die Aufgaben so komplex und aufwendig werden, dass wir uns entscheiden müssen. Und ich glaube, bei Ihrer Masterarbeit und dem Job in der Redaktion ist jetzt der Punkt gekommen, Frau Remsky.«

Ich saß wieder an dem quadratischen Holztisch in Herrn Masyahs Zimmer und wie so oft weinte ich. Zwar ging es mir dank der Therapien zunehmend besser, aber es gab immer noch Themen, die im Argen lagen – die so real und bedrohlich waren, dass ich sie in dieser ganz eigenen, beschützenden und umsorgenden Welt der Psychiatrie bislang, so gut es ging, aus meinem Kopf verbannt hatte.

Die Entscheidung, vor die er mich stellte, konnte ich unmöglich treffen, dachte ich. Der Job in der Redaktion bedeutete mir so viel. Er machte mir trotz des Stresses unglaublichen Spaß, ich hatte mich in der Redaktion das erste Mal in einem Job wirklich wertgeschätzt und gebraucht gefühlt, und außerdem schuf er in der Journalismusbranche gute Möglichkeiten für mich. Meinen

Master abbrechen konnte ich aber auch nicht, so schwer die Arbeit wegen der Länge und des drögen Themas auch zu schreiben war. Immerhin hatte ich es bis hierhin geschafft, hatte alle nötigen Kurse belegt und bestanden. Wenn ich jetzt aufgab, würde ich es mir mein ganzes Leben lang vorwerfen, das wusste ich.

»Ich will die Masterarbeit schreiben – da führt kein Weg drum herum«, sagte ich schließlich.

»Okay, das kann ich nachvollziehen. Könnten Sie sich denn vorstellen, dafür viel weniger zu arbeiten oder den Job in der Redaktion ganz an den Nagel zu hängen?«

Ich schüttelte den Kopf. »Weniger zu arbeiten habe ich ja schon im Sommer probiert. Das ist wegen Unterbesetzung schiefgegangen. Ich weiß nicht, ob ich mich trauen würde, es so noch mal zu versuchen. Außerdem brauche ich das Geld für mein Leben in Berlin.«

»Dann liegt die Antwort doch eigentlich auf der Hand«, sagte Herr Masyah und sah mich eindringlich an. Er wusste inzwischen nur zu gut, was in mir vorging. Ihm war bewusst, wie dieses Thema mich innerlich zerriss. Trotzdem blieb er wie immer analytisch und verkomplizierte nichts – das hatte ich in den vergangenen Wochen an ihm zu schätzen gelernt.

»Wissen Sie, bei uns Medizinern ist der Studienaufbau zwar ein bisschen anders, aber als ich meine Doktorarbeit geschrieben habe, habe ich mich von meiner Mutter umsorgen lassen, nicht gearbeitet, mich tagelang in meinem Zimmer vergraben und vier Mal pro Woche Pizza bestellt. Und ich kann Ihnen sagen: Anders hätte ich diese Arbeit nicht fertig schreiben können.« Wir lachten. Ich bewunderte ihn dafür, dass er in unseren Therapiestunden oft so ehrlich und offen über sich selbst redete – dass er nicht die Distanz hielt, die sein weißer Kittel ihm erlaubt hätte.

Er fragte vorsichtig, ob ich mir vorstellen könne, mein Leben in Berlin aufzugeben und erst mal zurück nach Köln ins Haus meiner Mutter zu ziehen, um zu genesen und meine Arbeit zu schreiben. Ich war mir nicht sicher. »Das ist eine schwierige Entscheidung, also wissen Sie was? Denken Sie über die Weihnachtstage darüber nach, das gebe ich Ihnen als Aufgabe!«

Über Weihnachten fanden keine Therapien statt, wir durften alle über Nacht nach Hause. Am 27. rief mich Herr Masyah nach der üblichen Morgenrunde unserer Station prompt zu sich.

»Frau Remsky, ich habe über die Weihnachtstage viel an Sie denken müssen. Haben Sie sich entschieden?«

Das hatte ich, auch wenn es eine der schwersten Entscheidungen meines bisherigen Lebens gewesen war.

»Ich ziehe zurück nach Köln und schreibe meine Arbeit hier«, sagte ich seufzend. »Aber ich will meine Zelte in Berlin nicht gleich abbrechen. Mein Jahresvertrag in der Redaktion läuft bis Ende April. Bis dahin möchte ich arbeiten und den Umzug vorbereiten. Die Bearbeitungszeit für die Masterarbeit möchte ich erst von Köln aus starten.«

Herr Masyah nickte verständnisvoll. »Das klingt nach einer sehr klugen, mutigen Entscheidung. Ich bin stolz auf Sie, dass Sie sie getroffen haben.«

In den Wochen darauf besprachen wir die Konsequenzen meiner Entscheidung und worauf ich in den Monaten, die ich noch allein in Berlin verbringen würde, unbedingt achten müsste. So wenig Mittagsschlaf wie möglich, jeden Tag duschen, jeden Tag meine Wohnung verlassen, wieder Freunde treffen, nicht mehr als drei Mal pro Woche arbeiten (so gut wie bei meinen Schichtplänen möglich), einen regelmäßigen Schlafrhythmus einhalten, meine Belastungsgrenzen nicht überschreiten, Dinge tun und mir gönnen, die mir guttun, wie Pflanzenpflege, ein Ausflug zu meinem Lieblingsladen oder ein Bad – diese To-dos gaben meine Therapeuten mir mit auf den Weg, und ich wollte sie auf jeden Fall befolgen.

Es fühlte sich an, als hätten sie mir den Schlüssel zu meiner eigenen Seele wiedergegeben, den ich zwischenzeitlich verlegt hatte.

Inzwischen kämpfte ich nicht mehr so sehr gegen mich selbst, meine geringere Belastbarkeit und meine Fehler, sondern achtete genau darauf, was ich in bestimmten Momenten oder an gewissen Tagen brauchte, um glücklich zu sein.

Meine Leidenschaft zu Pflanzen, so merkte ich, war in meinem tiefsten Inneren entbrannt und machte mich deshalb so glücklich, wie es meine Leistungen, die mein Kopf zwar wollte, aber mein Herz nicht brauchte, niemals gekonnt hätten.

Außerhalb der Therapien verbrachte ich die wertvollste Zeit mit meinen in der Klinik gewonnenen Freunden. Hannah und ich beschäftigten uns einige Abende mit Malen und Netflix. Einmal malte sie ein wunderschönes Auge mit schwarzer Pastellkreide, das sie wie immer für nichts Besonderes hielt. Sie signierte es und schenkte es mir schließlich mit den Worten »Denk drank: *Big Hannah is watching you!*«. Es steht bis heute auf meinem Nachttisch.

Außerdem wurde es zur Routine, nach den Abendrunden mit Justin zu Imbissen zu fahren – besonders, wenn das Mittagessen in der Klinik schlecht geschmeckt hatte, und das tat es häufig. Justin war ein Jahr älter als ich, wie Hannah nicht zum ersten Mal in einer Psychiatrie und litt unter Depressionen und schweren Angststörungen. Er war ein hochtalentierter Jungfußballer gewesen, hatte diese Karriere aber im Kampf gegen seine Psyche aufgegeben. Am Höhepunkt seiner Angststörungen hatte er sich so lange nicht mehr aus seiner Wohnung getraut, dass er völlig abgemagert war.

Manchmal fürchtete ich, dass es Patienten wie Hannah und Justin waren, die Herr Masyah bei unserem ersten Gespräch gemeint hatte: dass sie vielleicht länger mit ihren Krankheiten kämpfen würden als ich, dabei hatten sie es alles andere als verdient. Doch wer verdiente schon eine psychische Erkrankung? »Man kann die Schwere unserer Krankheiten nicht vergleichen«, hatte Hannah gesagt, als ich ihr anvertraut hatte, dass ich mich schlecht fühlte, wenn ich spürte, dass die anderen Patienten es noch schwerer hatten als ich.

Mit Moritz, der die Station kurz vor Weihnachten verließ, aber mehrmals pro Woche zur ambulanten Therapie wiederkam, führte ich in meinen Therapiepausen stundenlange tiefgründige Gespräche über Gott und die Welt – teilweise im wahrsten Sinne des Wortes. Oft gingen wir dafür ins Gärtnereicafé, das in einem früheren Gewächshaus auf dem Außengelände der Klostergärtnerei lag. Manchmal setzten wir uns aber auch einfach in ein unbenutztes Klinikzimmer.

Ich finde es auf eigentümliche Art und Weise besonders, mit Menschen zu sprechen, die auch Depressionen haben. Wir alle scheinen uns neben ähnlichen Erfahrungen in unserer Verkopftheit, Fragilität und dem Weltschmerz in Gedanken an das Leben zu gleichen. Auch mit Moritz, der zwei Jahre jünger war, entwickelte sich auf diese Weise eine tiefe Freundschaft, die über die Klinik hinaus andauern sollte.

Am Tag meiner Entlassung im Januar lagen meine Nerven völlig blank. Das Kloster war in den letzten Wochen zu einem Ort geworden, an dem ich mich wohl und sicher fühlte, wo meine Depressionen kein Hindernis, sondern ein Thema waren. Wo ich Freunde hatte, die ähnliche Erfahrungen gemacht hatten wie ich. Wo ich dem Alltag und seinen Gefahren nicht ausgesetzt war.

Ich weinte bei der letzten Morgenrunde, in der ich mich von all den lieb gewonnenen Menschen verabschiedete, die ich über die Wochen hatte kennenlernen dürfen. Einige waren schon vor mir gegangen, aber nun war ich eben an der Reihe. Ich weinte in der letzten Ergotherapiestunde. Ich weinte, als ich meine Sachen mitsamt meinen Pflanzen aus Zimmer 11 räumen und in einem Abstellraum zwischenlagern musste, um Platz für einen anderen Patienten zu machen. Sie hatten sich in den vergangenen sieben Wochen merkwürdig vermehrt, sodass ich für ihren Transport einen Rollwagen nehmen musste, der eigentlich für Kantinenessen gedacht war. Zum Abschied hatte ich von mehreren meiner Stationsgenossen Pflanzen geschenkt bekommen. Zusammen mit denen, die ich selbst in der Gärtnerei gekauft hatte, und den Ablegern, die ich auf den Klostergängen abgeknipst hatte, sah der Wagen aus wie ein eigener kleiner Zimmergarten.

Ich weinte, als mich Hannah zum wiederholten Mal umarmte und sagte, dass sie mich als Zimmerpartnerin vermissen würde. Sie würde nach dem Wochenende entlassen werden, und natürlich wollten wir weiter in Kontakt bleiben. Trotzdem fühlte es sich wie ein Abschied an, nachdem wir so lange im selben Zimmer gelebt hatten.

Ich weinte auch bei meinem letzten Gespräch mit Herrn Masyah.

»Ich bin heute richtig glücklich«, sagte er. »Heute, das weiß ich, darf ich einen Menschen entlassen, der wieder sein Leben leben kann. Wie fühlen Sie sich an Ihrem großen Tag?«

Bei diesen Worten brach ich gleichzeitig in Lachen und Tränen aus. »Ich würde am liebsten noch hierbleiben«, antwortete ich schließlich.

»Echt? Wie kommt das?«, fragte er verdutzt.

»Na, es war doch eine super Zeit hier. Das hat mir richtig gutgetan«, sagte ich genauso verdutzt angesichts seiner Verdutztheit.

Da wurde Herr Masyah nachdenklich. Nach einer Weile sagte er: »Ist das nicht krass, wie viel Druck und Stress Sie in der Welt da draußen gehabt haben müssen, dass Sie lieber in einer Psychiatrie bleiben würden?«

Ich nickte. »Ja, schon. Aber ich passe diesmal besser auf mich auf, versprochen!«

Meine Aglaonema Sparkling Sarah

Kapitel 4: AUF DER SUCHE NACH DER SEELENPFLANZE

In diesem Kapitel stelle ich euch einige meiner liebsten Zimmerpflanzen vor. Von all diesen Gattungen besitze ich jeweils mindestens eine Handvoll Pflanzen – die Pflegetipps, die ihr bekommt, basieren also neben dem neuesten Fachwissen vor allem auch auf meinen persönlichen Erfahrungen im Umgang mit diesen Pflanzen. Die Gattungen, die ich ausgewählt habe, machen zusammengenommen den Großteil meiner Sammlung von inzwischen über hundert Zimmerpflanzen aus, und das nicht ohne Grund: Sie sind für mich die vielfältigsten, spannendsten, lehrreichsten und schönsten Zimmerpflanzen, die es gibt. Wundervolle Efeututen, Einblätter, Palmen, Kakteen und Co. will ich nicht ungenannt lassen – auch sie faszinieren mich. In diesem Kapitel aber möchte ich euch meine wirklichen Herzenspflanzen vorstellen. Es sollte für alle Pflanzeneltern etwas dabei sein: von pflegeleicht bis anspruchsvoll, von schlichtem Grün bis zu auffallenden Blattmustern und von platzsparend bis riesig. Ich hoffe, ihr findet an der ein oder anderen Gattung genauso viel Gefallen wie ich.

Noch mehr wünsche ich mir, dass ihr so vielleicht eure Seelenpflanze(n) findet – die genauso tickt wie ihr, die ihr blind versteht und die idealerweise mit euch durchs Leben wächst.

DIE GENÜGSAMEN:
Aglaonema aka Kolbenfaden

Sie sind bunte Paradiesvögel, die nicht im Mittelpunkt stehen müssen, um ihr Leben zu genießen.

Die Kolbenfaden oder Aglaonemas, wie ich sie lieber nenne, weil es so majestätisch klingt, gehören zu den einfachsten und zugleich coolsten Zimmerpflanzen, die es gibt. Die Vielfalt und Schönheit ihrer Blattmuster und -färbungen ist schlichtweg unglaublich. Dabei sind Aglaonemas nicht selten und auch nicht teuer, keine Diven und verzeihen einige Pflegefehler. Sie gehören zur Familie der Aronstabgewächse und sind in den tropischen Wäldern Südostasiens beheimatet. Dort wachsen sie am Waldboden und kommen deshalb mit dunkleren Lichtverhältnissen zurecht: Sorten mit einer helleren Färbung (wie die Aglaonema Pink Lady) benötigen mittelhelles indirektes Licht, während grünere Arten auch mit weniger Licht auskommen. Gießen sollte man sie erst, wenn die oberen zwei bis drei Zentimeter der Erde trocken sind, also etwa ein Mal pro Woche, natürlich immer abhängig von Licht, Erde und Wurzeldichte. Aglaonemas mögen es nicht, komplett auszutrocknen – vergessen sollte man sie daher nicht völlig. Aber sie werden auch mal eine Durststrecke (oder Überwässerung) verzeihen. Wenn sie durstig sind, hängen ihre Blätter mehr oder weniger schlaff herunter – das wirst du also schnell merken. Weil sie im Urwald zu Hause sind, mögen Kolbenfaden eine hohe Luftfeuchtigkeit. Besprühe sie täglich und halte die Raumfeuchtigkeit bei mindestens fünfzig Prozent, besser jedoch bei fünfundsechzig.

Je nach Art werden Aglaonemas dreißig bis einhundert Zentimeter groß. Sie wachsen nicht so schnell wie beispielsweise Calatheen, aber dafür ist ihre Schönheit durch kaum etwas zu ruinieren. Meine erste Aglaonema, eine Silver Bay, begleitet mich schon seit Anfang meiner Zeit als Pflanzenmama und ist trotz Dutzender Pflegefehler (sie sitzt zum Beispiel immer noch in einem Topf ohne Abflussloch) inzwischen groß und prächtig.

Hinweise
- Luftreinigend.
- Giftig! Vorsicht bei Tieren und Kleinkindern.

Welche Arten finden sich in meinem *Urban Jungle*?
Sparking Sarah, Silver Bay, Chocolate, Pink Moon, Cutlass, Peacock, Crete, Commutatum.

DIE TRINKFESTEN:
Alocasia aka Elefantenohr

Sie sind deine besten Freunde, solange du ihren Durst stetig stillst.

Alokasien (Pfeilblätter oder Elefantenohren) gehören zu den aufregendsten Exemplaren, die die Zimmerpflanzenwelt zu bieten hat: Ungewöhnlich aussehende, teils riesige Blätter (daher auch der Name Elefantenohr) und ellenlange, teils gemusterte Blattstängel machen Alokasien zu echten Hinguckern in eurem Zuhause. Allerdings sind sie, zusammen mit einigen Calathea-Arten, die wohl schwierigsten Pflanzen, die ich euch in diesem Buch vorstelle. Aber lasst euch nicht entmutigen: Meine erste Alokasie, meinen kleinen Riesen, kaufte ich noch als recht unerfahrene Pflanzenmama, und ihm geht es super.

Alokasien gehören zu den Aronstabgewächsen und sind wie alle Pflanzen dieser Familie giftig. Sie stammen aus den tropischen und subtropischen Gebieten Südostasiens und dem östlichen Australien. Einige Arten wachsen außerdem in China. Je nach Art können Alokasien zwischen sechzig Zentimeter und zwei Meter hoch werden. Das Schwierigste an der Pflege von Alokasien ist das Gießen: Das Elefantenohr benötigt ausgesprochen viel Wasser. Der Grund dafür sind seine großflächigen Blätter, über die jede Menge Feuchtigkeit an die Luft abgegeben wird. Gleichzeitig hasst es wie alle Pflanzen Staunässe. Deshalb gieße ich meine Alokasien alle zwei Tage mit einer guten, aber nicht zu großen Portion Wasser – so bleibt die Erde dauerhaft feucht, aber nicht nass. Außerdem brauchen Alokasien eine möglichst hohe Luftfeuchtigkeit wie in ihrem natürlichen Zuhause, dem Urwald. Fünfzig Prozent solltet ihr auf keinen Fall unterschreiten, wohler fühlen sie sich bei siebzig. Wem das zu feucht ist, der sollte seine Elefantenohren jeden Tag mehrmals mit kalkarmem Wasser besprühen.

Meine erste Pflanze dieser Gattung war eine Alocasia Zebrina. Mein kleiner Riese, wie ich sie liebevoll nenne, misst inzwischen gut einen Meter zwanzig in der Höhe und ist wohl genauso breit – seine großen Blätter sind eine Augenweide. In meiner nächsten Wohnung, das habe ich mir geschworen, bekommt er einen ihm gebührenden Platz auf einem Sockel. Als ich ihn im Herbst 2018 im Botanical Room in Kreuzberg sah, war es Liebe auf den ersten Blick: So eine wilde und zugleich anmutige Pflanze hatte ich bis dahin nicht gesehen. Damals war er zum Glück noch nicht ganz so groß, denn ich musste ihn per Bahn und zu Fuß bis nach Hause in den Wedding tragen. Diese Fahrt hat sogar bei den Berlinern, die alle möglichen Verrücktheiten gewohnt sind, für komische Blicke gesorgt. Aber es war ein Abenteuer, das sich gelohnt hat!

Hinweise
◆ Giftig! Vorsicht bei Tieren und Kleinkindern.

Welche Arten finden sich in meinem Urban Jungle?
Zebrina, Frydek, Cuprea, Amazonika, Dragon Scale, Silver Dragon, Black Velvet.

DIE DIVEN:
Calathea aka Pfeilwurz

Sie wissen ganz genau, wie schön sie sind, und verlangen deshalb deine Liebe und Aufmerksamkeit.

Du bist genauso wundervoll, kompliziert und schwer zu erfassen wie Calatheen, Sarah. Deshalb kommst du so gut mit ihnen klar. Ihr seid auf derselben kosmischen Wellenlänge.«

Keine anderen Worte als diese, die mir einer meiner liebsten Plantstagramer eines Tages schrieb, könnten besser beschreiben, warum Calatheen meine Seelenpflanzen sind. Ich hatte mich zuvor in einer Nachricht darüber ausgelassen, dass ich nicht nachvollziehen könne, warum so viele Menschen an der Pflege von

Calatheen scheitern – so schwer zu verstehen seien diese Pflanzen doch gar nicht. Die Wahrheit ist, wie ich inzwischen erkannt habe: Calatheen sind keine einfachen Zimmerpflanzen, sondern echte Diven, die viel gute Pflege benötigen. Dass ich selbst am Anfang meiner Liebe zu Pflanzen und trotz mangelnden Pflegewissens kaum Probleme mit ihnen hatte, liegt wohl tatsächlich daran, dass ich diese Gattung verstehe wie kaum eine andere. Meine Faszination für Calatheen gab meinem Instagram-Account letztendlich auch seinen Namen: @misscalathea.

Calatheen, auch Korbmaranten genannt (obwohl ich die lateinischen Namen generell bevorzuge), sind wohl vor allem wegen ihrer wunderschönen Blattmuster beliebte Zimmerpflanzen. Sie werden auch Gebetspflanzen genannt, weil sie ihre Blätter nachts wie zum Gebet zusammengeführte Hände nach oben richten. Sobald der Tag beginnt, senken sich die Blätter wieder – manchmal sagt, es knistert bei diesem Vorgang. Ich liebe diese lebenden Sonnenuhren, eben weil sie so lebendig, hörbar und veränderlich sind.

Die Korbmaranten gehören zur Familie der Marantaceae und kommen aus den tropischen Gebieten Südamerikas. In einigen Regionen werden sie als Dachabdeckung und zum Flechten von Körben verwendet, was der Pflanze den Namen einbrachte: Calathea geht zurück auf das griechischen Wort *kaláthi*, das »Korb« bedeutet.

Diese Pflanzenart braucht, wie anfangs erwähnt, recht viel Pflege und vor allem eine relativ hohe Luftfeuchtigkeit, um sich zu Hause schön zu entfalten, weswegen sich manch ein Zimmergärtner nicht an sie herantraut. Mindestens sechzig Prozent im Winter und siebzig bis achtzig Prozent während der Wachstumsphase von März bis September sind ideal. Bei zu geringer Luftfeuchtigkeit bekommen einige Calatheen schnell trockene braune Blattränder. Ich habe zu Hause einen Luftbefeuchter und besprühe meine Lieblinge jeden Tag. In der Liste auf Seite 173 findet ihr in der Anfänger-Kategorie mehrere Calatheen, die trotz trockener Bedingungen ihre schönen Blätter behalten.

Ich gieße meine Calatheen je nach Art und Standort ein bis zwei Mal pro Woche. Ich halte sie gerne feucht, aber nicht nass. Was sie nicht so gern mögen, ist auszutrocknen. Wenn sie durstig sind, zeigen Calatheen das an seitlich eingerollten Blättern. Spätestens dann wird es höchste Zeit für Wassernachschub.

In ihrer Heimat wachsen Calatheen als Hänge- und Kletterpflanze oder Bodendecker im eher schattigen Unterholz des Regenwaldes. Deshalb mögen sie auch bei uns zu Hause nicht zu viel Licht. Beste Bedingungen finden sie an einem warmen, zugluftfreien, halbschattigen Standort ohne direktes Sonnenlicht. Je nach Musterung brauchen bestimmte Calatheen, wie die White Fusion, aber mehr Licht. Generell gilt, und zwar nicht nur bei Calatheen, sondern bei allen Pflanzen: Je größer die Panaschierung der Blätter, also der nicht grüne Anteil, desto mehr Licht brauchen sie. Das liegt daran, dass nur die grünen Blattteile Fotosynthese betreiben können.

Wenn sie zu hell stehen, senken Calatheen ihre Blätter gerne steil nach unten. Das ist das Tolle an dieser Pflanzenart: Sie mögen Diven sein, aber sie kommunizieren ihre Bedürfnisse mit uns auf eine Weise, die wir verstehen können.

Wer sein Gespür für Korbmaranten testen will, sollte mit den einfacheren Varianten anfangen, die ich auf Seite 173 aufgelistet habe. Ich tue mich sehr schwer, meinen Favoriten in all den Schönheiten auszumachen, aber die Calathea Makoyana mit ihren runden, auffällig gemusterten Blättern und die Calathea Warscewiczii mit ihren riesigen, samtig weichen Blättern haben es mir von Anfang an angetan. An Weihnachten 2018 habe ich meinem Vater seine erste Calathea geschenkt: auch eine Warscewiczii. Diese hatte er sich bei einem dieser hippen, auf Instagram angepriesenen Pflanzen-Events ausgesucht, zu dem ich ihn mitgeschleppt hatte. Er hatte solche Angst, dass sie eingeht. Aber mit ein paar Pflegetipps seiner Tochter, die inzwischen beim Thema tropische Pflanzen die Wissensnase vorne hat, gedeiht sie prächtig.

Hinweise
- Luftreinigend.
- Ungiftig.

Welche Arten finden sich in meinem *Urban Jungle*?
Über zwanzig verschiedene Arten, die ich im Folgenden nach Grad der Schwierigkeit aufgelistet habe, den sie meiner Erfahrung nach haben. Viele Calatheen sind schwer glücklich zu halten, manche dagegen brauchen nicht so viel Pflege. Traut euch!

Calatheen von einfach bis schwer

Anfänger
- Musaica »Network«
- Medaillon
- Vittata
- Magic Star
- Concinna »Freddie«
- Setosa

Einfache Calathea-Geschwisterchen aus der Familie der Marantaceae
- Ctenanthe burle-marxii
- Maranta Leuconeura
- Stromanthae Triostar

Fortgeschrittene
- Lancifolia
- Orbifolia
- Fasciata
- Beauty Star
- Flame Star
- Makoyana
- Rufibarba
- Roseoptica
- Helen Kennedy

Experten
- Zebrina
- White Fusion
- Warscewiczii
- Ornata Sanderiana
- Crocata

DIE KARRIERISTEN:
Philodendron aka Baumfreund

Jeder ist ein Unikat, aber alle wollen sie hoch hinaus.

Philodendren sind in der Zimmerpflanzenwelt kaum zu übertreffen, wenn es um Artenvielfalt geht: Es gibt sie als Hänge-, Kriech- oder Kletterpflanzen, mit riesengroßen oder kleinen Blättern, samtig oder glatt, in sattem Grün und seltener auch weiß oder pink panaschiert. Ursprünglich kommen die Baumfreunde aus den tropischen Regenwäldern Mittelamerikas, Mexikos und Südamerikas, wo alle außer den kriechenden Arten an hohen Urwaldbäumen emporklettern. Im Freien können sie Höhen von bis zu sechs Metern erreichen, als Zimmerpflanze bis zu drei Metern. Philodendren (die kriechenden Arten ausgenommen) erkennt man auch an ihren vielen Luftwurzeln, mit denen sie sich an Bäumen oder am Moosstab festhalten. Die Hauptversorgung mit Nährstoffen und Feuchtigkeit erfolgt bei Philodendren über die Hauptwurzeln in der Erde, aber auch ihre Luftwurzeln können lebenswichtige Stoffe aufnehmen.

Die Baumfreunde sind vor allem wegen ihrer Vielfalt, was Blattform, -farbe und -struktur angeht, und den vielen seltenen und außergewöhnlichen Sorten unter Zimmerpflanzensammlern wie mir sehr beliebt. Aber auch abseits der Pflanzen-Nerd-Szene sehe ich häufig Philodendren in Wohnungen und Häusern. Das liegt vor allem an der einfachen Pflege dieser Pflanzen. Philodendren lieben einen Standort mit hellem indirekten Licht – dann wachsen sie schnell und kräftig. Aber sie können auch wesentlich dunkler gestellt werden, ähnlich wie Sansevierien. Beachten soll-

tet ihr allerdings immer: Diese Pflanzen *überleben* zwar dunklere Ecken, mehr aber auch nicht. Wachsen werden sie kaum. Manchmal bilden Philodendren dann lange Triebe mit kleineren Blättern aus, um schnell in Richtung Licht zu kommen. Wenn ihr gnädige Pflanzeneltern seid, erkennt ihr die Zeichen und gebt ihnen einen zumindest mittelhellen Standort oder eine Pflanzenlampe.

Die Baumfreunde sind keine Diven, aber sie wissen, was sie mögen – und dazu zählt eine hohe Luftfeuchtigkeit von mindestens sechzig, noch besser aber siebzig Prozent. Die Luftfeuchtigkeit wirkt sich auch auf ihr Wachstum aus: Alles darunter werden sie akzeptieren, jedoch ein wenig langsamer wachsen.

Philodendren mögen es außerdem, wenn du die Erde austrocknen lässt, bevor du sie wieder gießt. Deshalb gilt hier: Weniger ist mehr. Wenn du eher der Typ Pflanzeneltern bist, der hin und wieder vergisst, seine grünen Lieblinge zu gießen, werden deine Philodendren es dir nicht übel nehmen. Auf Übergießen hingegen reagieren sie mit gelben und braunen herabhängenden Blättern.

Tipp für kletternde Philodendren: Binde sie an einen Moosstab und lasse sie daran festranken, dann werden sie größere Blätter bekommen und besser wachsen.

Hinweise
- Luftreinigend.
- Giftig! Vorsicht bei Tieren und Kleinkindern.

Welche Arten finden sich in meinem *Urban Jungle*?
Gloriosum, Verrucosum, Melanochrysum, Melanochrysum x Verrucosum, Mamei, Pink Princess, White Princess, Birkin, Narrow »Ring of Fire«, Composportoanum, Pastazanum, El Choco Red, Mc Colley's Finale, Red Emerald, Brasil, Neon, Scandens, Hastatum, Atom.

DIE HERZENSBRECHER:
Anthurium aka Flamingoblumen

Temperamentvolle, anmutige und tiefgründige Liebhaber, die dich lieben werden, solange du auch Zeit und Liebe in sie investierst.

Viele von uns kennen nur die Anthurien, die auch gerne mal im Supermarkt stehen und deren weiße oder rote Blüten so unecht glänzend und knallig aussehen, dass man denken könnte, es sei Plastik, wenn man es nicht besser wüsste. Die große Flamingoblume (Anthurium Andraeanum) mochte ich nie, und so glaubte ich lange, dass Anthurien nicht mein Ding seien. Bis ich auf ihre wunderschönen, wilder und tropischer anmutenden Geschwister stieß. Die selteneren Anthurienarten, vor allem die mit samtigen Blättern, herzförmig oder langgezogen, mit herausstechenden

Blattvenen, die im Urwald so groß werden wie ein Mensch (und wir sprechen von einzelnen Blättern, nicht der ganzen Pflanze), eroberten spät, aber schnell mein Herz. Sie sind in der Pflege nicht ganz so einfach wie beispielsweise ihre Verwandten, die Philodendren. Fortgeschrittenere Pflanzeneltern, die Philodendren im Griff haben, sollten sich unbedingt einmal an sie wagen – es lohnt sich!

Die Flamingoblumen sind mit mehr als sechshundert Arten die wohl artenreichste Gattung der Familie der Aronstabgewächse. In der Natur sind sie in Mittel- und Südamerika und auf den Karibischen Inseln zu Hause. Dort wachsen sie als Aufsitzer auf Ästen von Urwaldbäumen.

Anthurien brauchen mittelhelles bis helles indirektes Licht. Bei direktem Licht verbrennen ihre Blätter schnell, deshalb ist die Standortauswahl hier besonders wichtig. Die Erde sollte immer feucht und die oberste Erdschicht im Topf sollte nur leicht trocken sein, bevor ihr wieder gießt. Prüft deshalb mindestens zwei Mal pro Woche mit dem Fingertest oder dem Feuchtigkeitsmessgerät nach, ob sie Wasser brauchen.

Anthurien lieben wie alle Urwaldpflanzen eine hohe Luftfeuchtigkeit von mindestens sechzig Prozent, gerne mehr. Meine Anthurium Clarinervium wächst allerdings trotz einer Luftfeuchtigkeit von nur fünfzig Prozent sehr gut – lasst euch also von einer niedrigeren Luftfeuchtigkeit allein nicht abhalten. Zwischen Idealbedingungen und Realbedingungen, in denen sich eine Pflanze trotzdem noch sehr wohlfühlen kann, liegt immer ein Unterschied. Besonders schwierige und seltene Anthurienarten, wie die Königin der Anthurien, die wunderschöne Anthurium Warocqueanum, fühlen sich erst ab achtzig Prozent wirklich wohl. Deshalb steht diese bei mir in einer abgeschlossenen Glasvitrine, in der ich eine Dschungelluftfeuchtigkeit halten kann. Macht euch also vorher über die von euch gewählte Art schlau!

Hinweise
◆ Giftig! Vorsicht bei Tieren und Kleinkindern.

Welche Arten finden sich in meinem *Urban Jungle*?
Clarinervium, Metallicum, Crystallinum, Magnificum, Warocqueanum, Plowmanii, Radicans x Dressleri.

Die unentdeckten Stars:
JUWELORCHIDEEN

Flexibel, vielseitig, wunderschön: Sie haben das Zeug für Hollywood, noch kennen sie aber nur Insider.

Ich muss zugeben: Orchideen sind alles andere als meine Seelenpflanzen. Herkömmliche Arten wie Phalaenopsis kann ich nicht mehr sehen und sie mich auch nicht. Einmal abgeblüht, kommen sie nie wieder und verweilen als ewig lasche Blätter auf meiner Fensterbank. Langblättrige Arten wie Miltonia oder Cymbidium gefallen mir sehr viel besser, aber auch sie sind nicht einfach zu halten und so ganz anders in der Pflege als meine anderen Zimmerpflanzen. Aber dank der Erd- oder Juwelorchideen hat die Orchideenfamilie nicht ganz mein Herz verloren. Weil sie so selten in Büchern über Pflanzen vorgestellt werden, aber eine wunderschöne Gattung sind, möchte ich sie euch nicht vorenthalten und euch im Folgenden drei Unterarten vorstellen.

Als Juwelorchideen werden umgangssprachlich die Gattungen und Arten des Untertribus Goodyerinae der Orchideenfamilie bezeichnet. Die meisten von ihnen kommen aus Südostasien, manche sind aber auch in Afrika, Nordamerika oder Europa heimisch. Im Gegensatz zu anderen Orchideen wachsen Erdorchideen, wie der Name schon vermuten lässt, nicht als Aufsitzer auf Bäumen oder Felsen, sondern in der Erde. Den Namen Juwelorchideen haben sie wegen der auffälligen, funkelnden Blattmusterungen, die mich von Anfang an verzaubert haben. Diese Orchideenarten hält man vor allem wegen ihrer besonderen Blätter und nicht wegen ihrer vergleichsweise unscheinbaren kleinen Blüten.

Hinweise
◆ Ungiftig.

Welche Arten finden sich in meinem *Urban Jungle*?
Anoectochilus Formosanus, Dossinia Marmorata, Ludisia Discolor, Ludisia Discolor Alba, Macodes Petola, Macodes Sanderiana.

LUDISIA ➤➤ Die bekannteste und häufig zu findende Unterart ist die aus Ostasien stammende Ludisia Discolor mit dunkelgrünen, leicht funkelnd geventen Blättern. Sie ist sehr einfach zu pflegen, also eine gute Anfängerpflanze. Sie mag es nicht zu hell, liebt mittelhelles bis wenig Licht und wächst dabei recht schnell. Sowohl Über- als auch Unterwässerung übersteht sie. Am besten gießt man sie jedoch, bevor sie ganz austrocknet. Luftfeuchtigkeit mag sie gerne, aber sie wird auch in trockener Luft gut wachsen. Ludisien fühlen sich in Erde wohl, die Erdsubstrat, feine Pinienborke, Spaghnummoos, Trockenmoos und Perlit enthält. Neben ihrer Urform liebe ich auch die hellere und ein wenig mehr funkelnde Ludisia »Alba« Discolor.

MACODES ➤➤ Die Macodes-Arten sind die wohl eindrucksvollsten unter den Juwelorchideen. Ihre rundlichen, mit vielen Venen durchzogenen Blätter, wie etwa die der Macodes Petola, sehen aus wie ein mit Tausenden Blitzen durchzogener Nachthimmel. Macodes fühlen sich in hoher Luftfeuchtigkeit wie beispielsweise in Terrarien oder meiner Glasvitrine sehr wohl, können aber auch ähnlich unkompliziert wie Ludisiae gehalten werden. Dann sind ihre Blätter nicht ganz so kräftig glänzend. Macodes sollten zwischen den Gießvorgängen nie völlig austrocknen, tolerieren aber trockenere Erde als die meisten anderen Terrarienorchideen. Das Substrat sollte feine Pinienborke, Spaghnummoos, Trockenmoos und Perlit enthalten.

DOSSINIA ➤➤ Die Dossinia Marmorata ist die größte und vielleicht schönste Juwelorchidee, allerdings auch schwer zu halten. Ihre Blätter sind ähnlich rund wie die der Macodes, aber viel größer, dunkler gefärbt und haben eine komplexere Venenstruktur. Dossinien sollten unbedingt in einem Terrarium oder Ähnlichem gehalten werden, weil sie keine trockene Luft tolerieren. Gleichzeitig sollte die Luftzirkulation sichergestellt sein, weil ihre Blätter bei stehender feuchter Luft dazu neigen zu verrotten. Sie wachsen gut in purem Spaghnummoos, das ständig feucht gehalten werden muss, aber wegen der Rottgefahr niemals nass sein darf. Deshalb kann zusätzliches Perlit im Moos helfen.

Außergewöhnliche Naturwunder:
DIE WELT DER SELTENEN PFLANZEN

Es gibt Menschen, die ihr ganzes Leben den Pflanzen widmen. Sie reisen in die entlegensten Gegenden Südamerikas oder Südostasiens, durchstreifen den Dschungel von Ecuador und den Urwald in Indonesien, um die Pflanzen, die sie zu Hause als Zimmerpflanze hegen und pflegen, in ihrer natürlichen Umgebung zu erleben – oder, mit viel Glück, eine ganz neue Spezies oder Kreuzung zu finden. Oft sind diese Menschen studierte Botaniker, manches Mal aber auch einfache Pflanzenliebhaber und Züchter. Für Pflanzen-Nerds wie mich sind sie Helden in unserer kleinen grünen Zimmerpflanzenwelt, deren Sammlungen einen unmessbaren Wert haben und dabei helfen, dass einige der außergewöhnlichsten Pflanzenarten auf unserem Planeten weiter existieren können.

Diese Sammler haben Zimmerpflanzen, die wir niemals in einer Gärtnerei finden würden und deren Marktwert zuweilen den eines Gebrauchtwagens übersteigt. Im Folgenden möchte ich euch in die Welt der seltenen und ungewöhnlichen Zimmerpflanzen, in die Welt der Sammler und Züchter entführen.

WAS MACHT EINIGE ZIMMERPFLANZEN SELTENER ALS ANDERE?

▶▶ Eine seltene Pflanzenspezies ist nicht immer gleich vom Aussterben bedroht. Sie ist lediglich schwer zu finden. Damit eine Spezies in der Natur als rar gilt, muss es weltweit gewöhnlich weniger als zehntausend ihrer Art geben. Außerdem können Gegebenheiten wie das Vorkommen in nur einer ganz bestimmten Umgebung oder Region oder Artenschwund durch Umweltveränderungen ausschlaggebend für das Attribut »selten« sein.

In der Zimmerpflanzenwelt wird Seltenheit vor allem dadurch bestimmt, dass nur wenige Züchter diese Pflanzenart besitzen und für den Markt oder Einzelpersonen vermehren oder die Vermehrung viel Zeit und Aufwand bedeutet. Das kann natürlich mit der Seltenheit der Pflanze in der Natur zusammenhängen, muss es aber nicht zwingend.

Dabei gibt es große kontinentale Unterschiede: Manche Zimmerpflanzen, die in den USA in jeder Gärtnerei zu finden sind, gelten in Europa als wahre Raritäten, für die Sammler gut das Fünffache bezahlen würden. Erst wenn Züchter diese Pflanzen mit den entsprechenden Gesundheitszertifikaten nach Europa einführen und mit der Zeit vermehren, sinken die Seltenheit und damit der Preis dieser Pflanzen.

Ein gutes Beispiel für die kontinentalen Unterschiede und Marktveränderungen ist die Maranta Leuconeura Lemon Lime: Diese Variation der Marante, die statt der regulär roten Venen hellgrüne hat, gibt es in den Vereinigten Staaten an jeder Ecke für zehn Dollar. Wer sie vor einiger Zeit hierzulande suchte, wurde dagegen nur ganz selten fündig. Einzelstücke verkauften sich auf eBay für mindestens hundert Euro. Dann führten die Niederländer die Pflanzengattung in den europäischen Pflanzenmarkt ein, und heute ist sie fast ebenso leicht zu finden wie die Marante mit roten Venen und dementsprechend günstiger.

WO FINDE ICH SOLCHE SELTENEN PFLANZEN?

➤➤ Seltene Pflanzen sind in der Regel nicht in gewöhnlichen Gärtnereien oder Pflanzenläden erhältlich. Sie wechseln oft zwischen Sammlern die Besitzer – und die findest du vor allem in themenrelevanten Facebook-Gruppen, auf Instagram und bei Plant Swaps. Die Pflanzen-Community ist voll von wunderbaren Menschen, also scheue dich nicht, mit ihnen in Kontakt zu treten! Außerdem findest du dort häufig sogenannte *plant broker*, also Pflanzen-Zwischenhändler, die das Risiko und die Mühe auf sich nehmen, die Raritäten aus Südostasien oder Südamerika liefern zu lassen, und sie hier für den europäischen Markt nach den Strapazen der Reise wieder aufpäppeln. Auch auf eBay, Etsy oder anderen Online-Marktplätzen kannst du tolle seltene Pflanzen bei privaten Sammlern oder Zwischenhändlern ergattern. Zuletzt gibt es noch Internethändler, die sich auf seltene Exemplare spezialisiert haben.

DIE SELTENSTE DER SELTENEN: MONSTERA OBLIQUA

➤➤ Die wahrscheinlich rarste Zimmerpflanze weltweit ist die Monstera-Unterart Obliqua. Ihr werdet vielleicht schon einige Monsteras in Läden oder online gesehen haben, die als Obliqua gelabelt waren. In wirklich allen Fällen sind das aber Monstera Adansonii oder Hybride, die von den Verkäufern falsch beschriftet wurden. Woher ich das so genau wissen will?

Die Monstera Obliqua wurde 1975 zum ersten Mal von Monroe Birdsey im peruanischen Urwald aufgesammelt. Diese Art der Obliqua wächst seitdem in den Marie Selby Botanical Gardens in

Florida. Außerdem wissen wir von weltweit zwei privaten Sammlern, die diese Pflanzenart besitzen und vermehrt haben. Deshalb gibt es in den USA inzwischen acht bis zehn Personen, in deren Sammlungen eine M. Obliqua zu finden ist. Andere Obliqua-Formen aus Brasilien und Ecuador wachsen bei Züchtern in Frankreich.

Insgesamt wurde die M. Obliqua in der Natur bisher offiziell nur siebzehn Mal gesehen und zur Forschung gesammelt, und selbst einige dieser Funde wurden inzwischen korrigiert, denn es handelte sich doch nicht um Obliqua. Dementsprechend selten ist die M. Obliqua auch in den Sammlungen von Zimmerpflanzenliebhabern weltweit zu finden.

Wenn die Besitzer dieser Pflanze, meist bekannte Sammler und Züchter, Ableger zur Auktion freigeben, statt sie an bestimmte Sammlerfreunde zu verkaufen, bezahlen Liebhaber zuweilen den Preis eines Gebrauchtwagens dafür. Deshalb werden M. Adansonii und ähnliche Monstera-Arten von der Pflanzen-Community gerne mit dem Hashtag #itsneverobliqua versehen – denn die wirkliche, echte Obliqua existiert quasi nicht.

Zimmerpflanzeneltern als Artenschützer:
DAS BEISPIEL PHILODENDRON SPIRITUS SANCTI

Ein Fünftel aller Pflanzenarten weltweit ist vom Aussterben bedroht. Das geht aus einem Bericht hervor, den britische Forscher 2016 veröffentlichten. Dieser Anteil ist in den vergangenen Jahrzehnten drastisch angestiegen und wird es höchstwahrscheinlich auch noch weiter tun. Nicht in vielen, aber einigen Fällen kann das Aussterben einer Art dadurch verhindert werden, dass diese Pflanzen in privaten Sammlungen gepflegt und vermehrt werden.

Das ist auch beim Philodendron Spiritus Sancti der Fall – dem wohl seltensten aller Philodendren. Diese Art wächst nur in der Nähe des Städtchens Domingos Martins im Staat Espirito Santo in Brasilien, nach dem sie benannt ist. In diesem Fall kommt die Seltenheit also daher, dass das Vorkommen auf eine ganz bestimmte Region begrenzt ist. Heute gibt es schätzungsweise nur noch fünf oder sechs dieser Philodendren in der Natur. Häufiger, aber immer noch selten, findet man sie eben in Privatsammlungen.

Wie die Monstera Obliqua wechseln auch diese seltenen Pflanzen meist zwischen renommierten Sammlern die Besitzer. Wenn ein Spiritus Sancti zum offenen Verkauf angeboten wird, liegt der Preis gewöhnlich bei weit über eintausend Euro.

Die Blätter der ausgewachsenen Pflanze sind um die sechzig Zentimeter lang und etwa zwölf Zentimeter breit – es sind also wahre Riesen. In der Pflege sind sie wie viele Philodendren vergleichsweise einfach. Dass diese Spezies wie in der Natur auch in der Welt der Zimmerpflanzen so selten ist und bleibt, liegt vor allem daran, dass sie sehr schwer zu vermehren sein soll. Deshalb wagen sich viele Sammler erst gar nicht, einen Teil ihres Schätzchens abzuschneiden und zu versuchen, Wurzeln zu ziehen. Und nur einem Teil derer, die es dennoch riskieren, gelingt die Vermehrung durch Ableger.

Trotzdem ist der Spiritus Sancti ein wichtiges Beispiel dafür, wie wir Zimmerpflanzensammler dazu beitragen können, seltene oder bedrohte Pflanzenarten vor dem Aussterben zu retten. Ich kann nur davon träumen, irgendwann ein solches Pflänzchen wie den Philodendron Spiritus Sancti oder Ähnliches bei mir zu Hause aufzunehmen und als gute Pflanzenmama für sein Weiterleben zu sorgen.

VARIEGATIONEN

Eine Variegation oder Panaschierung ist das Auftreten verschiedenfarbiger Zonen auf Pflanzen. Sie wird vorwiegend durch einen lokalen Mangel oder das Fehlen von Chlorophyll verursacht, das für die grüne Farbe der Blätter verantwortlich ist. Warum das Chlorophyll nicht in den Zellen vorkommt, kann verschiedene Ursachen haben.

Bei einigen Pflanzenarten sind Variegationen normal und kommen regelmäßig vor. In diesen Fällen sind die Muster meist symmetrisch und haben häufig eine Funktion, zum Beispiel weisen sie Insekten den Weg in Richtung Blüte. In diesem Fall ist die Panaschierung Teil des Genoms der Pflanze und wird an ihre Nachkommen weitervererbt.

Variegationen können aber auch durch Zufall entstehen. In diesem Fall liegt das Fehlen von Chlorophyll und damit die Farbveränderung an einer Genmutation in Teilen der Pflanze oder des einzelnen Blattes. Diese Art von Panaschierung ist seltener, eben weil sie rein zufällig entsteht, und wird nicht weitervererbt. Pflanzen mit dieser Variegation können nur mit Ablegern so vermehrt werden, dass die Farbveränderungen bestehen bleiben. Außerdem sind durch Genmutation entstandene Panaschierungen nie stabil, sondern treten in jedem Teil der Pflanze unterschiedlich stark auf.

Dieses Phänomen findet man auch in der Natur. So kann es zum Beispiel sein, dass einem Baum im Wald zufällig ein weißes Blatt wächst. Das passiert sehr selten, aber es passiert! Genauso selten ist es bei Zimmerpflanzen, nur dass wir diese Pflanzen mit ihrer Mutation dann häufig gerne durch Ableger vermehren.

Bei panaschierten Pflanzen mutieren die Chloroplasten, die das Chlorophyll beinhalten. Wenn sich die Mutation durch Zellteilung fortsetzt, entstehen weiße Flecken auf den Blättern. Je früher in der Entwicklung die Mutation auftritt, desto mehr Blattfläche oder Bereiche der Pflanze sind betroffen.

Aber nicht nur Weißfärbungen werden durch Genmutationen hervorgerufen. Werden beispielsweise verstärkt pinke Pigmente gebildet, entstehen entsprechend gefärbte Blattflächen wie bei dem beliebten Philodendron Pink Princess, das eine Mutation des gängigeren Philodendron Red Emerald ist.

Bis zu einem gewissen Grad ist eine Variegation für die betroffene Pflanze nicht schlimm. Zwar produzieren die weißen Flecken des Blattes keine Nährstoffe, aber sie werden automatisch durch andere Blätter mitversorgt. Deshalb wachsen wegen Genmutation panaschierte Pflanzen generell langsamer als andere. Die Variegation wird für eine Pflanze erst dann zum Problem, wenn der Anteil an grüner Blattfläche sehr weit absinkt.

Die wunderschöne It-Pflanze:
MONSTERA VARIEGATA

Die wohl beliebteste Pflanze mit einer Variegation ist derzeit die Monstera Variegata. Dabei sind panaschierte Monsteras gar nicht so selten, wie der Hype um sie vielleicht vermuten lässt. Zu Anfang meiner Leidenschaft fand man sie noch relativ leicht und günstig in Gärtnereien online oder offline. Vielmehr ist genau dieser Hype um die Monstera Variegata der Grund dafür, dass sie derzeit zu so horrenden Preisen verkauft wird. Er hat die Nachfrage fast ins Unermessliche steigen lassen, und die Züchter kamen zunächst kaum hinterher mit der Nachzucht. Inzwischen gibt es langsam wieder mehr Exemplare auf dem Markt – sowohl die natürlich panaschierte Albo Borsigiana als auch die herangezüchtete Thai Constellation. Und wenn die Nachfrage irgendwann abebbt, werden auch die Preise wieder sinken.

Ich darf drei Albo Borsigiana und eine Thai Constellation mein Eigen nennen, die ich zum Glück alle vor oder noch am Anfang des großen Hypes um die wunderschönen, panaschierten Monsteras zu zwar saftigen, aber vergleichsweise guten Preisen erstanden habe. Meine größte Monstera Albo Borsigiana habe ich »Belle« in Anlehnung an *Die Schöne und das Biest* getauft – sie ist mit etwas mehr als einem Meter sechzig so groß wie ich und mein ganz großer Stolz.

Die Ansprüche einer Monstera Variegata weichen leicht von denen einer grünen Monstera ab. Sie braucht mehr Licht, weil sie wegen ihrer Weißanteile schwerer Fotosynthese betreiben kann. Direktes Sonnenlicht wird die Weißanteile aber schnell verbrennen, also achtet darauf, dass sie indirektes helles Licht bekommt. Der größte Fehler, den viele bei der Pflege einer panaschierten Monstera machen, ist, ihr zu viel Wasser zu geben. Monsteras mögen es wie ihre Geschwister, die Philodendren, wenn ihre Erde zwischen dem Gießen austrocknet. Gießt sie am besten also erst, wenn die Erde quasi durchgetrocknet ist. Außerdem solltet ihr beim Düngen dieser Schönheiten vorsichtig sein: Sie wachsen wegen ihrer Variegation langsamer als grüne Monsteras und verbrauchen somit auch weniger Nährstoffe.

ALBO BOR-SIGIANA ➤➤ Die Variegation der Monstera Albo Borsigiana ist auf einen Gendefekt zurückzuführen, also eine natürliche Mutation. Deshalb lassen sich diese Pflanzen nur durch Ableger effizient vermehren – und das ist aufwendiger für Züchter als die gängige Vermehrung durch Samen. Dass dieser Gendefekt bei der Vermehrung von gewöhnlichen grünen Monsteras auftritt, ist durchaus möglich, aber pure Glückssache. Die Blätter der panaschierten Monstera werden etwa dreißig Zentimeter lang und sind damit kleiner als die einer üblichen ausgewachsenen Monstera. Sie wächst meist weniger buschig als die Thai Constellation, weil die natürlichen Abstände der Blattansätze bei dieser Art weiter auseinanderliegen.

Das Weiß auf den Blättern kann gesprenkelt oder sektoral, also auf größeren Teilen des Blattes, auftreten. Das ist von Pflanze zu

Pflanze verschieden. Wie viel Weiß eine M. Albo Borsigiana in sich trägt, lässt sich am jeweilgen Stamm und den Luftwurzeln ersehen: Je weißer diese Teile in der Nähe eines neuen Blattes sind, desto panaschierter wird das Blatt generell. Weil die Variegation der Albo natürlich ist, kann sie mit dem Wachstum variieren und muss gegebenenfalls kontrolliert werden. Wächst sich das Weiß heraus, kann man die Pflanze bis zu dem Blattansatz oder der Luftwurzel zurückschneiden, an denen noch eine Panaschierung vorhanden ist. Aber auch eine Monstera Variegata, die zu weiß wird, muss zurückgeschnitten werden, um die Panaschierung in Grenzen zu halten, weil die Pflanze sonst nicht genügend Fotosynthese betreiben kann, um zu überleben.

▶▶ Die Monstera Thai Constellation wird durch Mikrovermehrung in Laboren gezüchtet. Ihre Panaschierung ist nicht natürlich, sondern wurde bewusst erzeugt. Deshalb findet man von dieser Art öfter kleine Jungpflanzen und seltener Ableger. Die Thai Constellation hat durchweg weiße Sprenkel auf ihren Blättern und teilweise sektorale Weißanteile – im Gegensatz zur Albo Borsigiana gibt es also keine völlig grünen Blattanteile. Außerdem ist das Weiß nicht ganz so klar wie das der Albo. Die Blätter der Monstera Thai Constellation können etwa doppelt so groß werden wie die der Albo – also ähnlich wie ihre komplett grünen Geschwister. Außerdem hat die Thai näher aneinanderliegende Blattansätze und wächst damit buschiger. Weil die Variegation in dieser Pflanze bewusst bei der Züchtung induziert wurde, haben ihre Blätter einen stabilen, wenn auch unvorhersehbaren Weißanteil. Das bedeutet, dass man zwar nicht wie bei der Albo einschätzen kann, wie weiß das nächste Blatt in etwa sein wird, aber man muss die Thai auch nicht zurückschneiden, denn sie wird weder ihre Panaschierung verlieren noch einen zu hohen Weißanteil ausbilden.

THAI CONSTELLATION

TEST:
Finde deine Seelenpflanze(n)!

Im Folgenden werde ich euch ein paar Fragen stellen, in denen es um euren Umgang mit Pflanzen und eure Leidenschaft zu ihnen geht. So könnt ihr herausfinden, ob ihr eher einen schwarzen, khakifarbenen, mintgrünen oder grünen Daumen habt. Wichtig: Diese Kategorien sind nicht wertend gemeint – ein schwarzer Daumen ist genauso toll wie ein grüner! Sie sollen eher beschreiben, was für ein Pflegetyp ihr seid. Am Ende könnt ihr anhand der Punktzahl, die sich aus euren Antworten ergibt, die Gruppe von Pflanzen ermitteln, die demnach am besten zu euch passt. Ich kann es euch zwar nicht garantieren, dass ihr so eure Seelenpflanze(n) findet, aber ich möchte euch zumindest auf die Spur lenken, die für euch die richtige zu sein scheint.

Mit Seelenpflanzen meine ich die grünen Lieblinge, deren Aussehen, Bedürfnisse, Pflegeschwierigkeit und Wachstumsgeschwindigkeit euren eigenen Vorlieben und Charakterzügen, also im Endeffekt eurer Seele entsprechen. Denn wenn das der Fall ist, werdet ihr diese Pflanzen genauso glücklich machen können wie sie euch. Ich als ungeduldige, pflegefreudige, musterliebende Pflanzenmama passe gut zu unseren Diven, den Calatheen. Meine Lieblingsart ist die Makoyana – vor allem wegen ihrer Blattmusterung, aber auch, weil sie im Vergleich so eine barmherzige Calathea ist. Im Gegensatz zu so manchen Pflanzen ihrer Art verzeiht sie mir auch mal den ein oder anderen Pflegefehler.

Zu allen Pflanzengattungen in den vier Gruppen findet ihr in diesem Buch weitere Infos und Beispielarten. So könnt ihr die Suche nach euren potenziellen Seelenpflanzen weiter eingrenzen.

Ich bin geduldig.
1   ja
2   eher ja
3   eher nein
4   nein

Ich vergesse das Gießen gerne mal.
1   ja
2   eher ja
3   eher nein
4   nein

Ich weiß, wie viel Wasser meine Pflanze benötigt.
4   ja
3   eher ja
2   eher nein
1   nein

Viele meiner bisherigen Pflanzen sind aus unerfindlichen Gründen gestorben.
1   ja
2   eher ja
3   eher nein
4   nein

Ich finde Pflanzen mit außergewöhnlichen Blattmustern oder -formen besonders toll.
4 ja
3 eher ja
2 eher nein
1 nein

Pflanzen haben einen großen Platz in meinem Leben und Herzen.
1 nein
2 eher nein
3 eher ja
4 ja

Ich richte den Standort nach den Bedürfnissen der Pflanze.
1 nein
2 eher nein
3 eher ja
4 ja

Ich pflege meine Pflanzen gerne jeden Tag.
1 nein
2 eher nein
3 eher ja
4 ja

Ich bin total begeistert, wenn ich neue Blätter an meinen Pflanzen sehe.
4 ja
3 eher ja
2 eher nein
1 nein

Pflanzen sind für mich vor allem Dekoration.
1 ja
2 eher ja
3 eher nein
4 nein

Ich finde solche Pflanzen besonders faszinierend, die man nicht so oft sieht oder findet.
4 ja
3 eher ja
2 eher nein
1 nein

Ergebnis

11–19 Black Thumb: Sansevieria, Glücksfeder, Aloe Vera.
Du bist eher von der gemütlichen Sorte und möchtest auch in deine Pflanzen möglichst nicht zu viel Arbeit reinstecken.

20–28 Khaki Thumb: Dieffenbachie, Kolbenfaden, Einblatt.
Du denkst immer mal wieder an deine grünen Lieblinge, aber sie sollten auch gut alleine klarkommen können.

29–37 Mint Thumb: Philodendron, Monstera, Pilea.
Du pflegst deine Pflanzen zuverlässig und regelmäßig, aber hast schier nicht die Zeit oder das Bedürfnis, jeden Tag nach ihnen zu schauen, um sie glücklich zu halten.

38–44 Green Thumb: Calathea, Anthurie, Alokasie.
Du bist ein Pflanzenelternteil voller Passion! Du liebst außergewöhnliche Pflanzen, die du umsorgen kannst, und tust das auch verantwortungsvoll.

Was immer wir in unser Unbewusstes einpflanzen und mit Wiederholungen und Emotionen nähren, wird eines Tages Realität werden.

EARL NIGHTINGALE

Kapitel 5:
ZURÜCK IM ALLTAGS-DSCHUNGEL

NOCH EINMAL NACH BERLIN

Wenige Tage nach meiner Entlassung fuhr mich mein Vater nach Berlin zurück. Ich hatte nur neun meiner grünen Lieblinge dabei, der Rest sollte bis zu meiner Rückkehr in drei Monaten bei meinem Vater bleiben. Es fiel mir mehr als schwer, so viele meiner Pflanzen zurückzulassen, aber ich wusste, dass sie in guter Obhut waren. Außerdem hatte ich ja noch einige in meiner Berliner Wohnung, die leicht zu pflegen waren, wie meine große Dieffenbachie, die ich Lady Di getauft hatte, und mehrere Kakteen und Sukkulenten. Mein Vater begleitete mich, um mir den Wiedereinstieg in mein Leben in der Hauptstadt nach zwei Monaten der Abwesenheit zu erleichtern. Er wollte mir helfen, meine Wohnung wieder wohnlich zu machen, mit mir einkaufen gehen und mich einfach durch seine Anwesenheit unterstützen.

Als ich meine Wohnung Ende November verlassen hatte, hatte sie zwar nicht geglänzt, aber war zumindest im Wesentlichen aufgeräumt und sauber gewesen – dachte ich. Als ich sie bei unserer Ankunft Ende Januar betrat, sah ich, dass meine Wahrnehmung während meiner depressiven Phase verzerrt gewesen sein musste: Der Boden war nicht

nur staubig, wie es zu erwarten war, sondern mit Krümeln, Erde und anderem Dreck überzogen. Meine Küche, so alt und ranzig sie auch war, hatte schon bessere Tage gesehen. Meine Post aus der Zeit vor meiner Abreise stapelte sich teils ungeöffnet auf dem Esstisch, den ich selten benutzte. Zwei leere Bierkästen standen darunter, deren Geruch sich in der Wohnung bemerkbar machte. Ich erschrak bei dem Gedanken, dass ich so kraftlos und von meiner Depression absorbiert gewesen sein musste, dass ich diesen Zustand für sauber gehalten hatte. Gleichzeitig tat es gut, noch einmal vor Augen geführt zu bekommen, wie viel besser es mir nun ging.

In den nächsten Tagen räumten mein Vater und ich meine vierzig Quadratmeter auf und putzten, bis die Wohnung so aussah, dass ich mich in ihr wohlfühlte. Wir machten einen Großeinkauf mit Lebensmitteln und all den Dingen, die ich nach meiner Abwesenheit wieder brauchte. Dabei entledigten wir uns auch der zwei stinkenden Bierkästen und kauften dafür alkoholfreies Bier ein. An manchen Abenden liebte ich den Geschmack eines guten Bieres, daran würden auch meine Depressionen und die Aussage meiner Psychiater, dass Alkohol unter Antidepressiva ganz und gar nicht gut sei, nichts ändern. Also eben alkoholfrei.

Die Pflanzen, die ich aus Köln mitgenommen hatte, drapierte ich auf meinen Regalen und stellte ein paar von denen dazu, die hier in Berlin geblieben waren. Meine Pflanzenwand war zurück – und die Wohnung fühlte sich plötzlich wieder mehr nach meiner Wohnung an. Es war erstaunlich, wie schnell ich mich von jemandem, der nichts von Pflanzen verstand und sie eher fürchtete, in einen Menschen verwandelt hatte, der nicht ohne sie leben wollte. Durch sie spürte ich jeden Tag, wie lebendig das Leben wirklich war. Als mein Vater zurück nach Köln fuhr, halfen meine Pflänzchen mir, mich nicht so alleine zu fühlen. Immerhin war ich nicht das einzige Lebewesen in meiner Wohnung.

ZURÜCK AN DEN NEWSDESK

Man glaubt während einer Depression nicht, mit einem grauen Schleier unterwegs zu sein und die Welt durch den Dunst der schlechten Stimmung zu sehen. Man denkt, der Schleier sei fortgenommen worden, der Schleier des Glückes, und man würde nun sehen, was wirklich ist.

ANDREW SOLOMON

Ein paar Tage nach meiner Rückkehr in die Hauptstadt traf ich mich mit meinem Chef Tim in der Redaktion zu einem Gespräch. Das hatten wir so verabredet, als ich wusste, wann ich aus der Klinik entlassen werden würde. Wir wollten uns darüber unterhalten, wie es mir ging und wie oft und wann ich dementsprechend arbeiten könnte. Auf meinem Weg in die Redaktion war ich aufgeregt. Die zwei Monate meiner Abwesenheit waren im schnelllebigen Journalismus ein großer Zeitsprung – was sich wohl alles verändert hatte? Als ich das Großraumbüro betrat, strahlten mir die ersten bekannten Gesichter entgegen. »Hey, willkommen zurück!«, sagte Julia aufrichtig erfreut. Ich strahlte. Der Newsdesk, an dem ich arbeitete und wo ich auch Tim finden würde, lag in der Mitte des langen Büros. Bis dahin hießen mich noch einige weitere Kollegen auf eine Weise willkommen, wie sie es nie zuvor getan hatten. Oder hatten sie? Ich liebte meine Arbeit und schätzte meine Kollegen, aber so freudig und positiv wie an diesem Tag waren sie mir nie erschienen. Es fühlte sich nicht mehr so an, als ob ich ein Fremdkörper in der Redaktion sei – ein gut arbeitender Außenseiter. Vielmehr gehörte ich dazu, war Teil des Teams und die Redaktion eine Art Zuhause, das spürte ich nun. Ich war erstaunt darüber, wie anders ich die Welt um mich herum nun offenbar wahrnahm und wie stark mich meine Depressionen auch in Bezug auf mein Arbeitsumfeld und meine Kollegen beeinflusst haben mussten. In meiner depressiven Phase war ich mir so sicher gewesen, dass die Welt, so wie ich sie sah, die wahre Welt war. Ich hatte mich gefragt, wie blind die Menschen doch sein mussten, um all das Leid und die Sinnlosigkeit nicht wahrzunehmen, die uns in jedem Moment unseres Lebens umgaben. Dabei war wohl meine Depression die eigentliche, unsichtbare Augenbinde.

Als ich Tim am Newsdesk fand, begrüßte er mich mit einer Umarmung und sagte: »Schön, dass du wieder da bist, Sarah.« Auch ich freute mich riesig.

Wir gingen in einen der verglasten Meeting-Räume im Eingangsbereich der Redaktion, um in Ruhe reden zu können. »Hier hatte ich auch mein Bewerbungsgespräch«, erinnerte ich mich. »Du hast mich gefragt, wer der VW-Chef ist, und ich hatte keine Ahnung. Da habe ich gedacht: Oh weh, den Job bekommst du nie.«

Tim lachte. »Ach, echt? Na, da lagst du aber ziemlich falsch, was?«

Dann wollte Tim wissen, wie es in der Klinik gewesen war und wie es mir jetzt ging. Er stellte viele Fragen, war neugierig, aber aufrichtig interessiert – ganz und gar ein Journalist eben –, und ich berichtete ihm gerne.

»Wie viel kannst du denn arbeiten, denkst du? Und welche Schichten sind dir lieber – muss ich auf irgendetwas achten?«, fragte er schließlich.

Ich war ihm dankbar für seine Fürsorge. Drei Tage pro Woche wollte ich arbeiten – nicht zu viel, aber genug, um mir ein bisschen Alltagsstruktur zu geben. Außerdem bat ich Tim, nicht zu schnell wechselnde Schichten für mich einzuplanen, damit mein Schlafrhythmus nicht völlig durcheinandergeriet. Das hatte mir Herr Masyah geraten.

»Gut, das bekomme ich hin«, meinte Tim. »Und wenn es dir doch zu viel sein sollte oder du irgendetwas brauchst, auch Beistand oder Hilfe, sag mir bitte Bescheid!« Ich bejahte. Welch ein Glück ich hatte, in dieser schweren Zeit so einen unterstützenden Chef und so ein tolles Arbeitsumfeld zu haben. Für den Februar plante Tim mich ganz nach meinen Wünschen in den Schichtplan ein.

Kurz nach meiner Rückkehr entschied ich mich dafür, mich von meinem Freund zu trennen. Zu diesem Zeitpunkt waren wir rund anderthalb Jahre zusammen gewesen. Er lebte in Kassel, also zweihundert Kilometer von Köln und vierhundert von Berlin entfernt. Es war nicht meine erste Fernbeziehung gewesen, aber die erste, die wirklich an der Distanz scheiterte. Besonders während meiner depressiven, einsamen Zeit in Berlin hatte ich mir seine Nähe so sehr gewünscht, sie aber nicht bekommen, sosehr ich ihn auch angefleht hatte. In der Klinik hatte ich dann begonnen, mich selbst zu distanzieren.

Wir hatten uns während meiner Klinikzeit nur einmal gesehen, was hauptsächlich an mir gelegen hatte: Ich fühlte mich in meiner Depression von ihm nicht genügend verstanden und unterstützt; deshalb hatte ich ihn in den ersten Wochen in der Klinik und auch über Weihnachten und Silvester nicht sehen wollen. Ich spürte, dass ich den Weg raus aus dem Erdloch der Depression nicht nur für mich alleine gehen musste, sondern inzwischen auch wollte. Ich wollte nicht mehr um Liebe, um Zeit, um Aufmerksamkeit betteln müssen – diese Kraft brauchte ich für mich selbst. Die Trennung fiel mir schwer, weil ich ihn noch liebte, aber gleichzeitig wusste, dass unsere Beziehung keine war, die mich stützte, sondern eher forderte.

Es ist nicht einfach, mit einem depressiven Partner klarzukommen. Nur wenige Menschen verstehen es, richtig mit uns umzugehen, wenn wir in dieser dunklen Grube stecken – und nur sie sind es, die nicht früher oder später auf die eine oder andere Weise mit uns untergehen.

Die Klinikärzte hatten uns Patienten immer wieder gesagt, dass nach der Entlassung auf ein anfängliches Hoch auch eine schwerere Zeit folgen würde, wenn das Erfolgsgefühl über die in der Klinik gemachten Fortschritte langsam abebbte und der Alltag mit all seinen Hürden wieder die Macht über unser Leben übernahm. Vielleicht war es naiv von mir, nicht glauben zu wollen, dass es auch bei mir so sein würde. Jedenfalls war mein Neustart in Berlin, der gleichzeitig meinen Abschied aus der Hauptstadt bedeutete, alles andere als einfach.

Ich war hoch motiviert, all die Ratschläge zu befolgen und die mentalen Werkzeuge einzusetzen, die ich aus der Klinik mitgenommen hatte: Ich machte so selten wie möglich Mittagsschlaf. Ich ging jeden Tag vor die Tür – und wenn es nur der Weg zum Späti um die Ecke war. Ich achtete darauf, mich nicht zu überfordern. Gleichzeitig merkte ich, wie wenig Kraft ich immer noch hatte, um meinen Alltag zu bewältigen. So erschöpft wie zwei Monate zuvor war ich zwar nicht mehr, aber für einen Tagesablauf, den gesunde Menschen haben und den ich damals viel zu früh unterbewusst von mir erwartete, reichte meine Energie noch nicht. An vielen Tagen war ich zerrissen zwischen Enttäuschung und Frustration auf der einen Seite und Zielstrebigkeit und Kampfeswillen auf der anderen. Außerhalb der Klinik stellte das Alltagsleben meine guten Vorsätze ständig auf die Probe: Mittagsschlaf,

Alkohol und Selbstisolation waren verlockende Versuchungen, gegen die ich mich immer wieder aktiv entscheiden musste – und manchmal entschied ich mich eben auch für sie. Der unausstehlich perfektionistische Teil meiner Seele verteufelte mich dafür, aber umso mehr lernte ich, wie wichtig es war, sich selbst Fehler einzugestehen, und noch wichtiger, sich dafür zu vergeben. Ich verhielt mich trotz meiner höchsten Ambitionen nicht immer richtig – ich trank hier und da wieder Alkohol, schlief mitten am Tag, zockte zu lange, und nach meiner ersten Therapiestunde seit der Rückkehr bekam ich eine Panikattacke, weil sie so viel aufgewühlt hatte. Ich machte nicht nur Fortschritte, sondern hatte auch Rückschläge – und das war vollkommen okay.

> *Alles, was uns entschleunigt und Geduld erzwingt, alles, was uns in die langsamen Kreisläufe der Natur zurückwirft, ist eine Hilfe. Gärtnern ist ein Instrument der Gnade.*
>
> MAY SARTON

Ich bin kein Mensch, der gerne ohne Grund oder Ziel vor die Tür geht. Zielloses Spazierengehen deprimiert mich viel mehr, als dass es mir Energie gibt – außer, ich suche mir einen besonderen Ort dafür aus, der mich durchatmen lässt, wie beispielsweise das Tempelhofer Feld oder botanische Gärten. Jedenfalls musste ich mir für jeden Tag etwas vornehmen, wenn ich mich dazu bringen wollte, hinauszugehen. Ich plante Einkäufe im Vorhinein, Trips zum Baumarkt oder zur Therapie – alltägliche Dinge. Außerdem meldete ich mich zu etwas an, das mich total begeisterte, aber mich wegen der Distanz und vor allem der sozialen Komponente sehr forderte: Ich trug mich zu mehreren Workshops zum Thema Pflanzen bei meinem neu entdeckten Lieblingspflanzenladen in Kreuzberg ein. Das war vom Wedding aus eine echte Strecke, aber das schöne Flair des Ladens, in dem es nach Kräuterkerzen roch und wunderschöne Pflanzen und Accessoires standen, und meine Wissbegierde trieben mich aus der Wohnung. Von der Ladenbesitzerin Monika, die wie ich einmal Journalistin gewesen, dann an Burn-out erkrankt war und schließlich ihre Liebe zu Pflanzen gefunden hatte, lernte ich viele Basics der Pflanzenpflege, die mir vorher nicht bewusst gewesen waren, sowie Erdmischungen und Vermehrungstechniken. Sie brachte mir einiges an Wissen bei, das ich in diesem Buch mit euch teilen darf, und auch heute, da ich nicht mehr einfach zu ihr in den Laden gehen kann, haben wir noch sporadisch Kontakt. Ich genoss die Workshops, bei denen ich mit etwa einem Dutzend anderer Mädels (Männer sind bei diesem Trend deutlich in der Unterzahl) um einen großen Holztisch inmitten des hippen Ladens saß und neues Wissen über meine Leidenschaft sammelte. Englisch war die Konversationssprache, was in hippen Berliner Läden alles andere als ungewöhnlich ist und mich nostalgisch werden ließ. Ein Teil meines Herzens wird wohl für immer den Briten gehören. Bei Monika sollte ich in dieser Zeit auch meine geliebte, große Monstera Variegata finden, die ich »Belle« taufte. Ich bezahlte eine Unmenge an Geld für sie (obwohl bei Weitem nicht so viel, wie man auf dem Höhepunkt des Hypes um diese Pflanzen bezahlt hätte) und transportierte sie anschließend wie mein zu groß gewordenes Kind im Arm durch die Berliner U-Bahn und Tram.

Aber auch andere seltenere Pflanzen hielten in dieser Zeit Einzug in meine Wohnung. Schon vor meiner Klinikzeit hatte ich zwei Monstera Variegata auf eBay ergattert, die es damals noch als etablierte Pflanzen für weit unter hundert Euro zu kaufen gab. Auch eine Calathea White Fusion, die man zu der Zeit nur in den USA fand, gehörte zu meinen wertvollsten grünen Schätzen. Während meiner Klinikzeit hatte ich mir meinen Philodendron Gloriosum gegönnt – eine samtige, kriechende Art mit wunderschön geventen, herzförmigen Blättern.

Je tiefer ich in die Leidenschaft für Zimmerpflanzen eintauchte, desto mehr lernte ich die Diversität dieser Welt kennen, die weit über die gängigen Pflanzen hinausgeht und die wir als Neulinge nur erahnen können. Meine grünen Lieblinge wurden immer mehr zu einer Sammlung, die ich mit der von Kunstsammlern vergleiche – nur lebendiger und in meinem Empfinden auch schöner. Eigentlich hatte ich bewusst eher wenige Pflanzen nach Berlin mitgenommen, um beim Umzug nicht so viele nach Köln transportieren zu müssen – aber da ich mit so wenigen Pflänzchen nicht leben konnte, kamen in den drei Monaten, bevor ich Berlin verließ, einige neue, oft seltenere grüne Lieblinge dazu.

Ich bekam viel Besuch während dieser Zeit. Während mir Wochenenden mit Freunden in meiner Einzimmerwohnung bislang vor allem Panik wegen des Privatsphäreverlusts bereitet hatten, freute ich mich nun wirklich über jeden Besuch. Moritz besuchte mich über ein Wochenende im späten Februar, wir gingen zu einem Konzert, machten Spreespaziergänge, ich zeigte ihm Berlin, und wir hatten viele tiefgründige Gespräche. Ich genoss es, nicht allein zu sein. Im April kam Hannah vorbei. Weil wir in der Klinik fast zwei Monate zusammen in einem Zimmer gewohnt hatten, fühlte es sich gar nicht ungewohnt an, mit ihr meine Wohnung zu teilen. Wir waren immer noch so aufeinander und auf die Eigenarten der anderen eingestimmt, dass keine Panik aufkommen konnte. Sowohl nach Moritz' als auch nach Hannahs Besuch brauchte ich einen Tag zum Regenerieren meiner Kräfte – nur meine Pflanzen und ich in meiner Wohnung, gutes Essen, eine entspannte Beschäftigung, sonst nichts. Inzwischen wusste ich, dass soziale Kontakte mich so viel Kraft kosteten, weil ich im Grunde meiner Seele introvertiert war – ein Charakteristikum, das ich mir nie wirklich hatte eingestehen wollen. Es war kein unnormales Phänomen, dass ich zwar Menschen um mich herum haben wollte, aber auch viele Phasen des Alleinseins brauchte und genoss, sondern es war ein Bedürfnis, das viele Menschen, wie zum Beispiel auch Hannah und Moritz, gut kannten.

Ich hatte mit Herrn Masyah ausgemacht, dass ich ihn kurz nach meiner Rückkehr nach Berlin und einen Monat später anrufen würde. Er wollte wissen, wie es mir nach der Klinik und zurück in dem Umfeld erging, an dem ich zusammengebrochen war. Seine Fürsorge bedeutete mir viel. Sie ging über die Arbeit hinaus, zu der er verpflichtet war – er hätte diese Anrufe nicht anbieten müssen, sondern er wollte es. Es kostete mich einiges an Überwindung, mich tatsächlich bei ihm zu melden, denn ich hatte Sorge, dass es ihn, obwohl es seine Idee gewesen war, nerven könnte oder anstrengte, wenn ich ihn anrief. Manche negative, problematische Gedankenweisen ließen sich eben nicht so schnell abstellen. Trotzdem schaffte ich es mit viel Mühe, ihn wie abgesprochen mehrfach anzurufen.

»Frau Remsky, schön, von Ihnen zu hören!«, sagte er dann immer. »Wie läuft das Leben in der Hauptstadt? Wie geht es Ihnen?« Ich antwortete ihm immer ehrlich. Viel hatte ich auch nicht zu verbergen: Mir ging es so gut, wie es jemandem eben gehen konnte, der kürzlich noch in der Psychiatrie gewesen war. Gleichzeitig überkam mich jedes Mal das Gefühl, weinen zu müssen, wenn er nach meinem Befinden fragte – etwas, das wohl nur Therapeuten auslösen können, wenn es eigentlich keinen Grund dazu gibt. Ich war sentimental und vermisste das beschützende, umsorgende Klinikleben. Auch wenn ich hoffte, niemals wieder einen Grund dafür zu haben, in die Klinik zurückzugehen.

ABSCHIED NEHMEN

*Ich mag die Arbeit im Garten –
es ist ein Ort, an dem ich mich selbst finde,
wenn ich mich verlieren muss.*

ALICE SEBOLD

Mit meiner Berliner Psychotherapeutin bereitete ich inzwischen meinen Umzug nach Köln vor: Sie hatte es gefreut, mich in einem viel besseren Zustand wiederzusehen, und wollte dafür sorgen, dass ich mental gut auf all die Veränderungen vorbereitet war, die in meiner Heimat auf mich zukommen würden. Sie war einer der Menschen, die ich in Köln am meisten vermissen würde. Ich verdankte ihr so viel, war mit ihrer Hilfe weniger selbstkritisch und dafür selbstbewusster geworden, und vor allem hatte ich es ihr zu verdanken, dass ich den Schritt in die Klinik gewagt hatte, statt mich meinen Depressionen hinzugeben. Natürlich wollte ich mir in Köln einen neuen Therapeuten suchen, aber so eine großartige Therapeutin, mit der ich auch noch auf einer Wellenlänge lag, würde ich wohl nur schwer finden. Tatsächlich hatte ich Angst, ohne sie klarkommen zu müssen.

»Ich habe das Gefühl, wir werden uns wiedersehen, Frau Remsky«, sagte sie in unserer letzten Therapiestunde. »Ich kann Ihnen nicht sagen, wann und warum, aber ich weiß es.«

Ich lächelte. »Das hoffe ich sehr. Wenn alles nach Plan verläuft, schreibe ich meine Masterarbeit und bin ganz bald wieder in der Hauptstadt – mit einem Job.«

Aber natürlich verläuft das Leben nie nach Plan. Manchmal hat es auch Besseres mit einem vor – wie dieses Buch.

Meine Therapeutin brachte mich dazu, mich bewusst von allem zu verabschieden, was mir in Berlin lieb und teuer war: von meiner Arbeit und meinen Kollegen, meinen zwei Lieblingspflanzenläden, meinen Freunden, meiner Wohnung und ihr selbst. Ich weinte bitterlich, als sie mich zum Abschied umarmte, und konnte nicht aufhören, bis ich in der U-Bahn saß.

Bei meinem letzten Besuch des Pflanzenladens in Kreuzberg, in dem ich die Workshops gemacht hatte, war Monika nicht da. Auch von ihr hatte ich mich verabschieden wollen, aber das sollte mir verwehrt bleiben. Stattdessen ging ich noch einmal Meter für Meter den Laden ab, ließ die Atmosphäre auf mich wirken und sah mir all die schönen Pflanzen an. Danach machte ich mich auf den Weg zu einem anderen Pflanzenladen im selben Kiez, den ich wegen seiner tollen Auswahl und den coolen Accessoires lieb gewonnen hatte. Zum Abschied kaufte ich mir dort eine spezielle Aloe, eine Lime Fizz mit orangefarbenen Blatträndern.

Kurz vor meinem Umzug lud ich meine Berliner Freunde zu mir nach Hause auf einen gemütlichen Abend mit Snacks und Getränken ein. In den fast drei Monaten seit meiner Rückkehr hatte ich es geschafft, mit den meisten von ihnen wieder Kontakt aufzunehmen und sie wiederzusehen. Mit meinem Kommilitonen Phillip hatte ich mich im Prenzlauer Berg in einem chinesischen Imbiss getroffen und lange darüber geredet, was in unseren Leben passiert war, seitdem wir uns das letzte Mal gesehen hatten. Wir hatten an einem lauen Winterabend auf Bierbänken vor dem Imbiss gesessen und Ente gegessen – typisch Berlin eben. Es war so lange her gewesen, dass ich dieses Berliner Lebensgefühl verspürt hatte: diesen Hauch von Freiheit und Genügsamkeit mit dem Guten, was man hat. Danach waren wir zu ihm nach Hause gegangen, wo seine Freundin Ailish, ihr Hund Nala und ein Fläschchen Wein für uns drei auf uns gewartet hatten. Es hatte so gutgetan, die beiden wiederzusehen, und gleichzeitig so weh, wenn ich daran dachte, dass ich mich so lange derart abgekapselt hatte. Nun waren Abschiedstreffen alles, was mir blieb.

Anna-Lena hatte ich seit Ende Januar sogar mehrmals gesehen – zuletzt auf ein Mittagessen im Bundestag, wo sie wie so viele meiner Kommilitonen arbeitete. Sie war eine Macherfrau, die alles mit Power und Bravour meisterte, aber auch sie hatte sich monatelang überall beworben, bevor sie schließlich den Job als Mitarbeiterin bei einem Abgeordneten bekommen hatte.

Mein Freund Julian, mein getreuer Pflanzenversorger und Wohnungsbeaufsichtiger, war öfter vorbeigekommen. Dann hatten wir Essen bestellt und einen Film geschaut, zu zweit gezockt, wie Gamer es manchmal tun, oder einfach nur gequatscht. An einem dieser Abende hatte er mir die ersten Ramen meines Lebens gekocht. Es hatte großartig geschmeckt.

Meinen Kommilitonen Moritz und seine Freundin Lotte sah ich erst am Abschiedsabend wieder. Dabei wohnte er nur einen Kilometer weg von mir. Er, Phillip und Anna-Lena waren meine engsten Studienfreunde gewesen, aber auch bei Moritz hatte ich mich monatelang nicht gemeldet. Als er mich am Abend meiner Abschiedsfeier mit den Worten »Ach schade, Sarah – warum jetzt erst?« begrüßte, meinte er es ganz und gar herzlich. Mir gingen seine Worte jedoch direkt ins Mark.

Es gibt vieles, was ich an den Monaten meiner Depression bereuen könnte. Wenig davon bereue ich tatsächlich, vor allem, weil solche Gefühle voll von Scham und Schuld nur meinem persönlichen Fortschritt im Wege stünden. Aber dass ich meine Freunde so vernachlässigt habe, löst in mir noch heute Reue aus. Dass ich nicht mutig genug war, ihnen ehrlich zu sagen, was mit mir los war. Dass ich so viel wertvolle Zeit verstreichen ließ, ohne mich zu melden, wo sie mir vielleicht hätten helfen können. Ich vermisse sie sehr.

Der Abschied auf der Arbeit fiel mir genauso schwer wie der

von meinen Freunden. In meiner letzten Schicht nahm Tim mich mit in die Mittagskonferenz, um sich vor den anderen Redakteuren bei mir zu bedanken und mich zu verabschieden. »Sarah hat zwei Jahre bei uns gearbeitet und sich entschieden, in ihre Heimatstadt Köln zurückzuziehen, um ihre Masterarbeit dort zu schreiben. Ich danke ihr für ihre großartige Arbeit bei uns, die sie am Wochenende mit einem wirklich guten Überblick zum Anschlag in Sri Lanka zum Ausdruck gebracht hat.«

Besagtes Überblicksstück zu Sri Lanka war zustande gekommen, während ich in meiner halb leeren Wohnung sitzend aus dem Homeoffice heraus arbeitete. Hinter mir schleppten meine Schwester, mein Schwager, Vater und Neffe meine Habseligkeiten aus der Wohnung und in den Transporter, der unten vor dem Haus stand. Es herrschte totales Chaos, zumal uns inzwischen klar geworden war, dass nicht all meine Sachen in das Fahrzeug passen würden. Ich durfte an diesem Tag von zu Hause aus arbeiten, weil niemand an einem Samstag wie diesem etwas Wichtiges, Dringendes erwartete. Aber der Journalismus hat es an sich, dass die größten News immer dann kommen, wenn man nicht mit ihnen rechnet. Als die Anschläge in Sri Lanka passierten, war neben mir nur noch eine Redakteurin im Dienst, die die Schicht leitete, und so tat sich neben dem Chaos, in dem ich saß, noch ein zweites auf. Inmitten des Umzugs schrieb ich binnen zwei Stunden alles zusammen, was es über die Anschläge, das Land und den gesellschaftlichen Kontext zu wissen gab. Das war es, wofür sich Tim nun bedankte.

»Wir hätten dich gerne hierbehalten, aber wir wünschen dir natürlich für deine Zukunft alles Gute, liebe Sarah.« Ich weinte und hoffte, dass es niemand sah. Vor allen Kollegen so sentimental und verletzlich zu sein fiel mir schwer. Aber natürlich half es nichts, sosehr ich es auch versuchte – die Tränen liefen und liefen; an Zusammenreißen war nicht zu denken.

Dass meine Arbeit so sehr geschätzt worden war, berührte mich tief. Und dass mich Tim und die Redaktion durch meine Depressionszeit hindurch so unterstützt hatten, würde ich ihnen nie vergessen. Ich hatte gewusst, dass mich meine Entscheidung, meinen Studentenjob für die Masterarbeit aufzugeben, schwer treffen würde – immerhin war es, als hätte ich ein geliebtes Juwel gegen einen Holzspaten eingetauscht oder, in meiner Welt, einen Philodendron Spiritus Sancti gegen eine Kunstpflanze. Aber ich hatte diese Entscheidung bewusst getroffen und obwohl ich eine Vertragsverlängerung bekommen hätte. Ich wusste, ich musste jetzt gehen, um hoffentlich umso schneller zurückzukommen. Bevor ich die Redaktion an diesem Tag verließ, konnte ich mich noch persönlich von fast allen Kollegen verabschieden, mit denen ich am Newsdesk am engsten zusammengearbeitet hatte. Bei jeder einzelnen Abschiedsumarmung liefen mir wieder die Tränen. Als ich aus dem Newsroom ging, ließ ich alles noch einmal auf mich wirken: Die rege Geschäftigkeit, die aufkommt, wenn Dutzende Redakteure in einem Großraumbüro zusammensitzen, die Mischung aus Stress und familiärer Atmosphäre, der Duft nach Kaffee. Wie meine Freunde würde ich auch die Redaktion schrecklich vermissen.

Am letzten Abend, bevor ich Berlin vorerst endgültig verlassen sollte, traf ich mich mit den anderen Redaktionsstudenten auf ein Bier (nein, um ehrlich zu sein, waren es mehrere). Neben mir verließen noch zwei andere das Team. Wir bekamen Abschiedsgeschenke von den anderen Studenten – meines war eine selbst gemachte Karte, auf der stand »Home is where the Dom is« (das Motto jedes echten Kölners) und eine Calathea. Ich freute mich so sehr.

Meine Mutter, die nach Berlin gekommen war, um mir bei der Wohnungsübergabe und beim Packen der restlichen Sachen zu helfen, kommentierte das Geschenk mit einem »Oh weh, noch eine Pflanze« und brachte meine Kollegen damit herzlich zum Lachen. Allerdings, das wusste ich, war sie wegen der steigenden Anzahl meiner grünen Lieblinge, die bald in ihrem Haus stehen würden, wirklich alles andere als begeistert. Ich konnte es ihr nicht verdenken – über hundert Pflanzen sollten bald mit mir bei ihr einziehen. Der Deal war: Solange sie auf meiner Etage blieben, konnte sie damit leben – oder zumindest tat sie es.

Der Tag meines persönlichen Umzugs sollte noch einmal das reinste Tohuwabohu werden. Obwohl meine Mutter und ich eigentlich mit dem Zug hatten fahren wollen, hatte ich mir kurzfristig einen Wagen mieten müssen, weil ich sonst meine verbleibenden Sachen und Pflanzen nicht hätte transportieren können. Dass der Audi A5 so voll werden würde, dass meine Mutter mit dem Zug fahren musste, während ich mit Dutzenden Pflanzen auf dem Beifahrersitz per Auto nach Köln unterwegs war, hat ihre ohnehin begrenzte Toleranz für meine grüne Leidenschaft wohl noch geschmälert.

VON SCHLAGLÖCHERN UND GRUBEN

Etwas wachsen zu sehen ist gut für die Moral.
Es hilft uns, an das Leben zu glauben.

MYRON S. KAUFMAN

Die Zeit nach meiner Rückkehr nach Köln war oft nicht einfach. Der Weg raus aus einer Depression ist lang, steinig, mit Schlaglöchern und Gruben durchzogen und führt zwischendurch immer mal wieder abwärts. Von Schlaglöchern darf man sich nicht erschüttern lassen, und aus Gruben gilt es, sich immer wieder hinauszubuddeln. Insgesamt gesehen brachte ich in jenen Monaten jedoch einiges an Steigung hinter mich.

Ich richtete mich auf der zweiten Etage des Einfamilienhauses meiner Mutter ein, auf der ich bis vor meinem Studium in London gewohnt hatte: ein eigenes Bad, ein Schlafzimmer und ein Wohn- und Arbeitszimmer ganz für mich. Es gab viel Platz und an einigen Stellen viel Licht für meine inzwischen über hundert Pflanzen. Mein Vater nennt diese Räume mit einem Zwinkern gerne »die grüne Hölle«, meine Mutter nennt sie »zu viel«, und für meine beste Freundin Jenny ist es »der Dschungel«. Für mich ist es einfach mein Zuhause. Eine Heimat für mich und all meine grünen Babys, ohne die ich mich nicht mehr wie ich selbst fühlen würde.

In den Monaten nach meiner Rückkehr gab es Zeiten, in denen ich wieder viel zu viel trank und zockte. Dann ging ich kaum zur ambulanten Therapie in die Klinik und vergrub mich lieber zu Hause. Ich schlief zuweilen viel, konnte nachts aber schwer einschlafen. Meine Mutter und ich hatten es nicht leicht, uns wieder an ein Zusammenleben zu gewöhnen, und stritten uns noch Monate nach meiner Rückkehr häufig. Oftmals waren ihre Sorge um mich und ihre Überforderung mit meiner Krankheit der Grund – ein Angehöriger eines depressiven Menschen zu sein ist ein schwieriges Los. Noch bis zum folgenden Herbst erlitt ich mehrere Panikattacken, ausgelöst durch sehr verschiedene, oft aber zwischenmenschliche Dinge. Ich bekam zu spüren, was die meisten Ärzte in der Klinik immer gesagt hatten: In der Psychiatrie werden Patienten stabilisiert und auf das Leben danach vorbereitet; wenn sie entlassen werden, sind sie nicht mehr gefährdet, aber noch lange nicht gesund. Entgegen der Hoffnung von Herrn Masyah hatte ich bei meiner Entlassung noch einiges an Arbeit an meiner Seele vor mir. Es dauerte nach meinem Umzug Ende April gut fünf Monate, bis ich spürte, dass ich diese depressive Phase wirklich hinter mir gelassen hatte.

Als ich an einem Herbstabend im Bett lag und es mir wegen einer Auseinandersetzung mit einem Freund nicht gut ging, kam mir dieser Gedanke, der mir klarmachte, dass ich über den Berg war. Er war mir neu und verwunderte mich, vor allem in diesem Moment, in dem ich mich traurig und verletzt fühlte. Einige Monate zuvor hätte mich ein solcher Zustand wahrscheinlich in die dunkelste Gedankenspirale getrieben. Diese Überlegung brachte ein wohliges Gefühl der Gelassenheit in meinen Körper. Ich dachte so bei mir: Auch wenn es mir gerade richtig scheiße geht, sterben will ich nicht.

Kapitel 6:
EIN LEBENDIGES ZUHAUSE

PFLANZEN – WEIT MEHR ALS DEKO

Pflanzen sind nicht nur wegen ihrer positiven Wirkung auf unsere physische und psychische Gesundheit die besten Mitbewohner, die es gibt, sondern auch wegen ihrer unglaublich dekorativen Wirkung auf jedes Zuhause. Die richtige Pflanze an der passenden Stelle kann einen ganzen Raum verzaubern. Und viele Pflanzen, clever in Szene gesetzt, kreieren den Dschungel-Vibe, der trendig ist und, noch viel wichtiger, Räume lebendig macht. Pflanzen passen in jeden Einrichtungsstil – egal, ob eure Wohnung modern mit Hochglanzmöbeln, im holzverliebten Boho-Stil oder glamourös in Samt, Felloptik und Gold daherkommt.

Die richtigen Pflanzen für euer Zuhause zu finden hängt erst einmal von den Lichtverhältnissen an dem jeweiligen Ort ab, an den ihr sie stellen wollt. Ihr solltet auf jeden Fall im Vorhinein bedenken, wie viel Licht die Pflanzen eurer Wahl benötigen und ob sie dementsprechend am angedachten Platz gut überleben würden. Mit Pflanzenlampen kann notfalls nachgeholfen werden. Aber schlaues und schönes Dekorieren mit Pflanzen bedeutet nicht, irgendwelche Gewächse einfach so in den Raum zu stellen. In diesem Kapitel erkläre ich euch, wie ihr eure grünen Lieblinge so präsentiert, dass aus eurem Zuhause ein wunderschöner, lebendiger Dschungel wird.

Wenn ich meinen eigenen *Urban Jungle* umdekoriere (beispielsweise wegen neuer Pflanzen oder bei Jahreszeitenwechseln), orientiere ich mich gerne an den Tipps meiner liebsten Pflanzenstylisten. Mir haben es vor allem die Amerikaner Amanda Switzer aka Planterina und Hilton Carter (»Wild At Home«) angetan. Die beiden haben einen wesentlich rustikaleren, holzigeren Einrichtungsstil als ich – ich liebe weiße Möbel, samtige Textilien in Knallfarben und goldene Accessoires –, aber ihre Art, Pflanzen in Szene zu setzen, ist einfach wunderbar und lässt sich auch auf mein (und euer) Zuhause übertragen. Die beiden arbeiten hauptsächlich mit drei Grundprinzipien, die ich LEG nenne: Lagen, Ebenen, Gruppen.

Auch das kleinste Pflänzchen will gesehen werden: LAGEN

Pflanzen in mehreren Lagen zu positionieren sieht nicht nur schöner aus, sondern hat auch praktische Vorteile. Wenn ihr größere Pflanzen auf einem Regal in die hintere Reihe stellt und nach vorne hin immer kleinere, könnt ihr jede einzelne Pflanze immer noch sehen. So verliert ihr sie nicht aus den Augen oder gar aus dem Sinn – immerhin ist jeder einzelne unserer grünen Lieblinge dafür da, bestaunt und umsorgt zu werden. Bei der Pflege kommt euch dieser Lagenlook auch zupass: Die kleineren Pflanzen werden den Zugang zu den größeren nicht blockieren – so könnt ihr sie immer noch einfach gießen und euch um sie kümmern. Mit Pflanzenständern, Beistelltischen, Holzkisten oder anderen dekorativen Hilfsmitteln könnt ihr die Größe eurer Pflanzen zusätzlich beeinflussen und euren Lagenlook kreieren.

Von oben bis unten grün:
EBENEN

Wenn ich von Ebenen spreche, meine ich verschiedene Höhenlevel innerhalb eines Raumes. Hier ist eure Kreativität gefragt, denn Pflanzen gehören nicht nur auf die Fensterbank oder in karge Ecken. Ich liebe es zum Beispiel, meinen Wohnzimmertisch statt mit Schnittblumen mit einer oder mehreren Pflanzen aufzuhübschen, die auf einem goldenen Tablett stehen. Außerdem verwende ich gerne Blumentopfständer und Beistelltische, um meinen Pflanzen eine gewisse Höhe zu geben, die sie von den anderen absetzt. Wenn ihr eine hohe Decke habt, wie meine damalige Berliner Altbauwohnung, nutzt sie doch, um mit Blumenampeln oder Deckenregalbrettern (ja, die gibt es tatsächlich!) einen grünen Himmel aus Hängepflanzen und Ranken zu kreieren.

Eine Pflanze kommt selten allein:
GRUPPEN

Was für ein Gartencenter gilt, funktioniert auch prima beim Dekorieren mit Pflanzen. Statt eure grünen Lieblinge über den Raum zu verteilen, schafft Pflanzeninseln. Dabei könnt ihr nicht nur mit dem Lagenlook spielen, sondern auch Pflanzen je nach Art oder Pflegebedürfnissen gruppieren. In meinem Bad steht ein Beistelltisch mit verschiedenen Kolbenfäden, in meiner geliebten cremeweißen Vitrine habe ich vor allem Philodendren und Anthurien, die eine besonders hohe Luftfeuchtigkeit benötigen. Das Gruppieren hat, wie ihr schon merkt, auch praktische Vorteile: So wird die Pflege einfacher und effektiver. Außerdem kreieren viele Pflanzen auf einem Fleck ein Raumklima, das für sie selbst gut ist.

STYLINGIDEEN

DER TOPF MACHT'S! ➤➤ Die Wahl eurer Töpfe hat einen großen Einfluss auf den Look eures *Urban Jungle* und sollte deshalb wohl überlegt sein. Wegen eines Trends gibt es derzeit zum Glück eine riesige Bandbreite an Töpfen in jeder Preisklasse und Stilrichtung – unserer Kreativität sind also keine Grenzen gesetzt. Ich persönlich bevorzuge aus Gründen des Aussehens und der Nachhaltigkeit Ton- und Keramiktöpfe im Vergleich zu Kunststofftöpfen. Die einfachen Tontöpfe gibt es heutzutage nicht mehr nur in der bekannten »Baumarktausführung« in Terrakottarot, sondern auch meliert von Terrakotta bis Grau, in verschiedenen Formen, meistens mit passenden Untersetzern und oft sogar im Set. Sie sind also alles andere als langweilig und in jedem Baumarkt, jeder Gärtnerei und in manchen Blumenläden erhältlich. Viele meiner Übertöpfe sind passend zu meiner Einrichtung weiß und gold, jeweils mit unterschiedlichen Texturen und in verschiedenen Formen. Ich liebe aber auch außergewöhnlichere und rustikale Töpfe im Betonlook, in Holz- oder Perlmuttoptik. Zwischen weißen, goldenen und tonfarbenen Töpfen sind sie echte Hingucker, die der Pflanze noch mal das gewisse Etwas verleihen. Solche Besonderheiten findet ihr in lokalen Pflanzenläden, Flohmärkten oder online bei Spezialhändlern und in Einrichtungsshops. Letztendlich ist die Wahl eurer Töpfe eine Frage eures eigenen Geschmacks und Einrichtungsstils. Ich rate euch nur: Traut euch und kombiniert unterschiedliche Farben und Muster, Materialien und Looks!

▶▶ Ein ganz besonderer Hingucker sind Pflanzenregale oder mehrere Regalbretter voll mit Pflanzen, wie man sie tausendfach auf Instagram unter dem Hashtag #plantshelfie finden kann (lasst euch inspirieren!). Sie sind ideal, um mit LEG zu arbeiten, und können damit kaum schlecht aussehen. Hier gibt es kein Zuviel oder Zuwenig – alles ist eurem Geschmack überlassen.

#PLANT-SHELFIE: DAS PFLANZENREGAL

Ich platziere auf dem Pflanzenregal gern sehr unterschiedliche Blattmuster, -formen, -färbungen und -texturen nebeneinander, weil ich den Kontrast liebe. Mein rosa panaschiertes Philodendron Pink Princess steht hier beispielsweise neben einer samtigen Alocasia Frydek mit langen Blattstielen und diese wiederum neben einer buschigen Calathea Freddie, deren Blätter ein streifenartiges Muster aufweisen – *you get the point*.

Tatsächlich habe ich mit einem solchen Regal in Berlin meine allerersten Pflanzen in Szene gesetzt. Heute, nach meinem Um-

zug nach Köln, ist die Wand, an der mein Schreibtisch steht, mit einem festen Regal und mehreren Brettern voller Pflanzen mein großer Stolz. Umgeben von meinen grünen Babys kann ich dort konzentrierter arbeiten. Wenn mein Blick vom Bildschirm abschweift, fällt er direkt auf die Blätter meiner Pflanzen, und das hilft meinem Gedankenfluss ungemein.

ALKOHOLFREIER BARWAGEN ➤➤ Wer braucht schon einen Barwagen für Whisky, Wein und Gläser, wenn er stattdessen auch Pflanzen daraufstellen kann? Mein goldener Barwagen mit mehreren Etagen ist ganz alkoholfrei und das Highlight in meinem Schlafzimmer. Auf ihm tummeln sich viele Juwelorchideen, mein großer Kolbenfaden Silver Bay und ein paar andere Lieblinge unter einer Pflanzenlampe. Untersetzer, niedrige Pflanzenständer und Glasglocken (mehr dazu im nächsten Abschnitt) peppen das Ganze noch mehr auf.

Das Allerbeste an diesem Happy-Hour-Dschungel ist aber, dass man ihn dank der Rollen am Barwagen ganz leicht verschieben und umstellen kann – so ist das Putzen und Umstylen gleich viel einfacher. Für mich sind diese fahrbahren Minidschungel das Plant Shelfie 2.0!

BIOTOPE TO GO ➤➤ Wer Urwaldpflanzen wie beispielsweise Anthurien oder Calatheen zu Hause hat, die eine besonders hohe Luftfeuchtigkeit lieben, der zerbricht sich früher oder später notgedrungen den Kopf, wie er ihnen das geben kann, was sie für ein schönes, schnelles Wachstum brauchen, ohne dass gleich das ganze Zuhause ein Urwaldklima bekommt. Die Lösung sind geschlossene Glasobjekte, durch deren transparente Wände die Pflanzen zwar genug Licht haben, die aber die Feuchtigkeit im Inneren halten. Viele meiner geliebten, aber anspruchsvollen Anthurien stehen in einer abschließbaren Vitrine, in der ich zu-

sätzlich Pflanzenlichtleisten angebracht habe. Im Innern liegt die Luftfeuchtigkeit immer bei mindestens fünfundachtzig, manchmal auch bis zu neunundneunzig Prozent. Die Pflanzen bilden durch Transpiration und feuchte Erde ihr eigenes Mikroklima und können so die hohe Luftfeuchtigkeit quasi von ganz alleine halten. Sie wird fallen, wenn die Erde ausgetrocknet ist – ein Zeichen, dass ihr gießen müsst!

Alternativ zu Vitrinen sind auch klassische Terrarien oder Miniterrarien in Glasgefäßen tolle Hingucker. Diese könnt ihr mit Torf und Moos zusätzlich dekorieren und somit wie ein echtes Stückchen Dschungel aussehen lassen. Außerdem verwende ich für einzelne Pflanzen gerne Glasglocken, um ihnen eine hohe Luftfeuchtigkeit zu ermöglichen. Die gibt es in ganz verschiedenen Größen (meine größte ist etwa vierzig Zentimeter hoch), und so finden ganz unterschiedliche Pflanzen unter ihnen Platz. Viele Glasglocken kann man gleich mit passenden Untersetzern kaufen – meine nutze ich dagegen mit Tortenplatten. Diese heben die Pflanzen wie Ständer auf eine höhere Ebene an und verleihen den Glasglocken außerdem einen außergewöhnlichen Look, der mich an die britische Tradition des Afternoon Tea erinnert. *Today's cake, Your Majesty: Calathea!*

Selbstmach-Projekt 1:
MAKRAMEE-BLUMENAMPEL

Gerade als mir der Platz für meine grünen Lieblinge auf Regalen, Tischen und Schränken langsam auszugehen drohte, entdeckte ich bei einem Workshop Makramee für mich. Ich knotete meine erste Blumenampel und fand dabei Begeisterung für die schönste und zugleich meditativste Art und Weise, Pflanzen aufzuhängen. Ob in meinen Schreibpausen oder abends vor dem Schlafengehen: Makramee hilft mir, die Seele baumeln zu lassen und zu entspannen. Außerdem kreiere ich so mehr Platz für einige meiner Pflanzen, die von da an, dekorativ in Szene gesetzt, auch von Decke und Wänden baumelten.

Inzwischen habe ich einige andere Stücke wie Handtaschen, Wandbehänge oder Tischdeckchen geknüpft – beim Makramee sind eurer Kreativität keine Grenzen gesetzt! Die Blumenampel ist jedoch das perfekte Einstiegsprojekt.

Materialien
- 4 Millimeter dickes, geflochtenes Baumwollgarn (online als Makramee-Garn oder in großen Bastelshops erhältlich)
- 1 Holzring
- Schere

Zuschneiden
- 6 Fäden á 5 Meter
- 2 Fäden á 60 Zentimeter

Schritt für Schritt

1. Ziehe die sechs langen Fäden bis zur Mitte durch den Holzring, sodass ihre Enden alle etwa auf einer Höhe sind. Jetzt hast du zwölf Knüpffäden.
2. Der Abbindeknoten: Fasse dazu die zwölf Fäden zu einem Bündel zusammen und lege darauf mit dem kurzen Faden eine Schlinge nach unten. Wickle den Faden um das gesamte Bündel inklusive der Schlinge von oben nach unten fest, sodass oben ein Stückchen des kurzen Fadens herausguckt. Das Ende des Fadens wird durch die Schlaufe durchgezogen. Dann ziehe fest am oberen Ende des kurzen Fadens, bis die Schlinge mit dem Faden unter der Umwicklung verschwindet. Beide Enden des kurzen Fadens kannst du jetzt abschneiden.
3. Unterteile die zwölf Knüpffäden in drei Gruppen à vier Fäden.
4. Kreuzknoten: Beginne mit einer beliebigen Gruppe und lege die vier Fäden nebeneinander hin. Den linken Faden lege nun über die zwei mittleren Fäden, sodass links eine möglichst große Lasche entsteht. Dann lege den rechten Faden über den zuvor linken Faden und führe ihn anschließend hinter den mittleren Fäden von unten durch die Lasche an der linken Seite. Ziehe den Knoten nun fest, sodass er direkt unter dem Abbindeknoten liegt. Jetzt mache das Gleiche spiegelverkehrt: Lege den rechten Faden über die zwei mittleren Fäden, dann den linken über den vormals rechten und führe den linken hinter den beiden mittleren Fäden durch die Lasche an der rechten Seite. Ziehe den Knoten fest. Wiederhole den Kreuzknoten bei allen drei Gruppen je zwanzig Mal.
5. Halber Kreuzknoten: Mache jetzt nur noch den ersten Teil des Kreuzknotens – fang also immer wieder von links an. So entsteht ein schöner Twist. Je strammer du den Knoten festziehst, desto enger wird er. Wiederhole den halben Kreuzknoten bei jeder Gruppe zwanzigmal.

6. Knüpfe nun noch einmal zwanzig ganze Kreuzknoten wie in Schritt 4.
7. Wir verbinden jetzt die drei Gruppen: Nimm dazu zwei Fäden von einer Gruppe und zwei von der benachbarten Gruppe. Lass etwa eine Handbreit Abstand zum letzten Kreuzknoten aus Schritt 4 (je mehr Abstand du lässt, desto größer können die Töpfe sein, die in deine Blumenampel passen). Dann knüpfe zwei ganze Kreuzknoten. Das Gleiche machst du mit den anderen Fäden genauso, sodass am Ende jede Gruppe mit den zwei anderen verbunden ist.
8. Lass wieder etwa eine Handbreit Abstand zu den Verbindungsknoten. Mache nun noch ein Mal den Abbindeknoten aus Schritt 2 mit der zweiten kurzen Schnur.

Selbstmach-Projekt 2:
DEIN EIGENES TERRARIUM

Materialien

- **Ein verschließbares Glasgefäß:** Was für ein Gefäß ihr benutzt, ist ganz euch überlassen. Große Glasvasen mit Korkdeckel, umfunktionierte Glasschatullen oder ein wirkliches Glasterrarium sind nur ein paar Beispiele für Gefäße, die ihr verwenden könnt. Ich habe ein Anzuchtei aus Glas für mein Terrarium gewählt.

Je luftdichter euer Terrariumgefäß ist, desto seltener müsst ihr Wasser nachgießen und desto mehr fühlen sich Luftfeuchtigkeit liebende Pflanzen darin wohl.

- **Lavagranulat:** Findet ihr bei Terrarienfachhändlern online oder offline. Ich wähle gern unterschiedliche Farben, damit sich die Schichten schöner absetzen, aber das ist nicht nötig. Alternativ zu Lavagranulat könnt ihr auch Blähton benutzen.
- **Holzkohle:** Aktivkohle für Terrarien findet ihr in unterschiedlicher Körnung (ich habe sieben bis zwölf Millimeter große Stückchen verwendet, es gibt aber auch durchaus kleinere) bei Terrarienfachhändlern online oder offline.
- **Erdmischung:** Je nach den Bedürfnissen der Pflanzen, die ihr in euer Terrarium setzen wollt.
- **Moos:** Polster-Kissenmoos ist zum Dekorieren von Terrarien am besten geeignet.
- **Terrarienpflanzen:** Hier sind es Juwelorchideen, aber Farne, Bromelien, Fittonien und Tillandisa eignen sich auch sehr gut dafür.

Schritt für Schritt

1. Gib eine etwa drei Zentimeter dicke Schicht Lavagranulat in dein Terrariumgefäß. In diese Schicht kann überschüssiges Wasser hineinfließen. Lavagestein kann Feuchtigkeit speichern und wieder abgeben, deshalb eignet es sich perfekt als Bodenschicht für Terrarien.
2. Gib eine dünne Schicht Holzkohle darauf. Die Kohle wirkt wie ein Wasserfilter, reinigt es also von Bakterien und Schadstoffen, die dein Terrarium verunreinigen könnten.

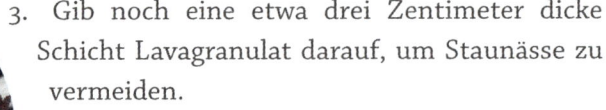

3. Gib noch eine etwa drei Zentimeter dicke Schicht Lavagranulat darauf, um Staunässe zu vermeiden.
4. Nun brauchen wir eine Schicht Erde, in die wir die Pflanzen später einbetten können. Sie sollte so dick sein, dass die Wurzeln genügend Platz haben. Welche Erdmischung du dafür am besten nimmst, hängt davon ab, welche grünen Lieblinge du in dein Terrarium pflanzen möchtest. Mach dich über die Bedürfnisse deiner Pflänzchen schlau und mische die passende Erde an.
5. Endlich kommen Pflanzen ins Terrarium! Grabe dazu Löcher an den Stellen, wo du sie einsetzen willst, und bette sie hinein, indem du wie beim Umtopfen Erde auf die Wurzeln gibst und leicht andrückst.
6. Viel schöner wird das Terrarium, wenn wir die Erde mit einer Schicht lebendes Polster-Kissenmoos versehen. Dazu lege die

einzelnen Moosinseln wie ein Puzzle so auf die Erde, dass sie diese am Ende fast vollkommen bedecken. Nur die Stellen, an denen deine Pflanzen sitzen, solltest du etwas frei lassen, um ihnen Freiraum für Wachstum zu geben.

7. Fast fertig! Um den Kreislauf in unserem kleinen Biotop ins Rollen zu bringen, muss Wasser ins Terrarium. Begieße die gesamte Oberfläche des Terrariums mit gefiltertem oder abgekochtem Wasser, bis in die unterste Schicht mit Lavagranulat ein wenig Wasser gelaufen ist.

8. Nun kannst du dein Terrarium verschließen. Wie oft du nachgießen musst, hängt von dem Gefäß ab. Es gibt Exemplare, die es Jahrzehnte ohne Gießen aushalten. Häufiger ist es aber der Fall, dass man rund alle sechs Monate einmal nachgießen sollte. Wenn kein Wasser im Boden und keine Wassertröpfchen mehr im oberen Teil des Terrariums zu sehen sind, ist es an der Zeit, deinen Pflanzen Wasser zu geben.

Kapitel 7:
LUFT ZUM DURCHATMEN, LICHT FÜR DIE SEELE

Seitdem ich Pflanzen habe, atmet es sich in meinem Zuhause anders. Spürbar anders! Freunde, die mich besuchen kommen, bemerken häufig den frischen »Geruch der Natur«, diese Mischung aus Erde, leicht süßlichem Blütenduft und feuchterer Luft, als man es von Häusern oder Wohnungen mit weniger Pflanzen gewohnt ist. Meine grünen Lieblinge geben meiner Atemluft mehr Sauerstoff, filtern Schadstoffe aus ihr heraus und erhöhen die Luftfeuchtigkeit so, dass ich nur noch selten einen trockenen Hals, gerötete Hautstellen oder brennende Augen bekomme. Auch die Kopfschmerzen, mit denen ich früher häufig morgens aufgewacht bin, sind viel seltener geworden. Mein Luftbefeuchter hilft zusätzlich dabei, dieses gesunde Raumklima aufrechtzuerhalten.

Außerdem haben meine Pflänzchen mich einen bewussteren Umgang mit Licht gelehrt. Sie haben mir gezeigt, wie dunkel mein Zuhause an vielen Stellen wirklich ist. Die Pflanzenlampen, die ich für sie aufgestellt habe, haben eine genauso große Wirkung auf mich: Sie geben mir Energie und machen mich wach, wenn ich an manchen Tagen keine Kraft habe. Besonders in der dunkleren Jahreszeit hilft das enorm.

Meine grünen Lieblinge haben mein Leben auf so viele Arten bereichert – in diesem Kapitel aber soll es darum gehen, wie positiv Pflanzen und ihre kleinen Helfer unsere Gesundheit durch Luft und Licht beeinflussen.

LUFTREINIGENDE PFLANZEN

Pflanzen machen unser Zuhause nicht nur dekorativ schöner, sondern tragen vor allem durch ihre positive Wirkung auf die Luft auch zu einem gesünderen Leben in unseren vier Wänden bei. Alle Pflanzen produzieren tagsüber Sauerstoff, einige, wie die Aloe Vera, sogar nachts, und verbessern damit die Luftqualität. Außerdem filtern viele Pflanzen Schadstoffe aus der Luft, die unsere Gesundheit gefährden können, und wirken gegen Elektrosmog. Meine vier liebsten Luftreiniger möchte ich euch unten vorstellen. Es gibt natürlich noch weit mehr Pflanzenarten, die Schadstoffe aus der Luft filtern können. Einige haben wir schon in Kapitel 4 kennengelernt. Ebenfalls luftreinigend sind zum Beispiel:

Anthurium, Aglaonema, Calathea, Drachenbaum, Efeutute, Efeu, Grünlilie, Kentia-Palme, Kroton, Philodendron, Syngonium.

ALOE VERA ➤➤ Die in den tropischen Gebieten Afrikas und Arabiens beheimatete Sukkulente wird wegen ihrer gesundheitsfördernden Eigenschaften in der Medizin und der Kosmetik eingesetzt. Schon in der Antike setzten die Römer und die Ägypter die Aloe als Heilpflanze gegen verschiedene Erkrankungen der inneren Organe ein. In deutschen Medizinbüchern aus dem zwölften Jahrhundert findet man ebenfalls ihren Namen.

Die Aloe Vera ist, wie schon erwähnt, eine der wenigen Pflanzen, die auch nachts Sauerstoff abgeben und damit sicherstellen, dass, während du schläfst, die Luft in deinem Schlafzimmer nicht aufgebraucht wird. Außerdem absorbiert sie Giftstoffe und Strahlung: Ihre Blätter wie auch ihre Wurzeln können den Schmutz in der Umgebung aufnehmen und sorgen so für eine saubere Luft. Besonders gut filtert die Aloe Formaldehyd aus der Raumluft, das beispielsweise durch Lacke und Leime, Wasch- und Reinigungsmittel oder durch Spanplatten, die manchmal mithilfe von formaldehydhaltigen Klebern hergestellt werden, in die Luft unseres Zuhauses gerät. Außerdem bindet sie Benzol, das in Form von Abgasen von der Straße in die Luft unserer Wohnung gelangt.

Aloe-Vera-Gel wird auch gerne als Hausmittel genutzt, da es antibakterielle, wundheilende und entzündungshemmende Eigenschaften hat. Es beruhigt die Haut bei Problemen wie Neurodermitis und Schuppenflechte und hilft gegen Verbrennungen und Sonnenbrände. Weil sie eine abführende Wirkung hat, kann man das Gel der Aloe Vera auch bei Verstopfungen einnehmen.

Am besten gedeiht die Aloe Vera an einem hellen und warmen Standort. Gießen sollte man sie erst, wenn das Substrat fast ausgetrocknet ist. In ihren dicken Blättern speichert die Pflanze nämlich viel Wasser und hat deshalb selten Durst.

DIEFFEN-BACHIA

▶▶ Von Dieffenbachien hört man meist wenig, wenn von luftreinigenden Pflanzen die Rede ist. Dabei filtern auch diese Schönheiten schädliche Gase wie Benzol, Formaldehyd, Trichlorethylen und Xylol aus der Raumluft. Deshalb steht meine Lieblingsdieffenbachie, eine Reflector, zusammen mit vielen Sansevierien in meinem Schlafzimmer.

Die Dieffenbachie gehört zur Familie der Aronstabgewächse und ist ursprünglich in den tropischen Regenwäldern Mittel- und Südamerikas beheimatet. Vor allem wegen der vielfältigen wunderschönen Blätter der unterschiedlichen Sorten ist sie als Zimmerpflanze sehr beliebt. Sie kann bei guter Pflege bis zu drei Meter hoch werden.

Dieffenbachien brauchen viel Wärme, die Raumtemperatur sollte bei mindestens zwanzig Grad Celsius liegen. Eine niedrige Luftfeuchtigkeit wird der robusten Pflanze nicht allzu sehr schaden, bei sechzig Prozent Luftfeuchtigkeit und mehr wird sie aber deutlich schneller wachsen. Temperaturschwankungen und kalte Zugluft verträgt sie gar nicht. Dieffenbachien mögen helles, indirektes Licht, gedeihen aber auch an dunkleren Standorten. Bei direktem Licht kann es zu Verbrennungen auf den Blättern kommen.

Dieffenbachien sind sehr durstig – stellt euch also auf häufiges, gründliches Gießen ein, sobald die oberste Erdschicht trocken ist. Die Erde im Topf sollte ganzjährig feucht, aber nie nass sein.

➽ Wer eine Sansevieria kaputt bekommt, der möge sich melden, denn er ist ein Zauberer. Diese auch als Schwiegermutterzunge beziehungsweise im Englischen als *snake plant* bekannte Pflanze gehört zu der Familie der Spargelgewächse (Asparagaceae). Es gibt rund siebzig verschiedene Arten in diversen Formen und Farben, die ursprünglich aus Afrika, Madagaskar und Südasien stammen. Diese Gewächse sind hart gesotten, überleben auch unter schwersten Bedingungen und sind deshalb eine perfekte Anfängerpflanze.

SANSEVIERIA (BOGENHANF)

Die Lichtverhältnisse sind der Sansevieria ziemlich egal – in dunkleren Räumen wächst sie langsamer, kommt aber zurecht. Weil ihre dicken, harten Blätter gute Wasserspeicher sind, muss man sie sehr selten gießen. Ein Mal in der Woche ein Schuss Wasser oder ein Mal im Monat ein ordentlicher Tauchgang genügt ihr vollkommen. Das Schlimmste, was euch in der Pflege einer Sansevieria passieren kann, ist, dass ihr sie übergießt – weniger ist also mehr! Man muss diese Pflanzenart nicht besprühen und, weil sie vergleichsweise langsam wächst, selten düngen.

Ich hielt den Bogenhanf am Anfang meiner Pflanzenleidenschaft für langweilig, inzwischen besitze ich aber mehr als ein halbes Dutzend unterschiedlicher Sorten und kann gar nicht mehr genug von ihnen bekommen. Es gibt sie in so vielen Formen, Farben und Texturen, dass sie nie uncool werden, obwohl man die gängigeren Sorten auch mal beim Arzt oder bei den Großeltern stehen sieht.

Außerdem ist die Sansevieria die perfekte Pflanze fürs Schlafzimmer. Wie die Aloe Vera produziert auch sie als Sukkulentengattung nachts Sauerstoff und kein Kohlenstoffdioxid wie viele Blattpflanzen. Mehr Sauerstoff in der Atemluft bedeutet wiederum gesünderen Schlaf und damit verbunden eine höhere Leistungsfähigkeit am Tag.

Außerdem filtert der Bogenhanf schädliche Stoffe, im Speziellen Trichlorethan, Benzol und Formaldehyd, aus der Raumluft. Seitdem ich meine Sansevierien in der Nähe meines Bettes stehen habe, wache ich morgens deutlich seltener mit Kopfschmerzen auf – eine Folge des höheren Sauerstoffgehalts und von weniger Schadstoffen in der Luft.

SPATHIPHYLLUM (EINBLATT ODER FRIEDENSLILIE)

➸ *Cards on the table:* In meinem *Urban Jungle* hat es bisher keine Friedenslilie gegeben. Das Einblatt ist die wohl gewöhnlichste Pflanze auf meiner Wunschliste – vor allem aus dem Grund, weil ich noch nie eines mit der selteneren weißen Panaschierung Picasso gefunden habe, die mich als Pflanzen-Nerd besonders interessiert, und mir für ihre Alternative, die wundervolle, aber riesige Hybridenart Sensation der Platz fehlt. Irgendwann aber, das weiß ich, wird ein Spathiphyllum in meinem Schlaf- oder Wohnzimmer stehen und meine Raumluft verbessern. Denn die Mischung von Schönheit und Praktikabilität, die wir in Einblättern finden, wird meiner Meinung nach unterschätzt.

Friedenslilien kommen aus der Familie der Aronstabgewächse und sind damit, wie der Kolbenfaden oder die Calathea, giftig. In der Natur findet man sie im tropischen Amerika, aber auch am Westrand des Pazifiks. Als Zimmerpflanzen sind sie wegen ihrer schönen weißen Blüten beliebt, die oft den ganzen Sommer über halten. Blattliebhaber erfreuen sich dagegen an ihren dekorativen Blättern.

Die Pflanzen sind sehr einfach in der Pflege und kaum wählerisch. Am besten gedeihen sie an Standorten mit hellem indirekten Licht, aber sie werden auch an wesentlich dunkleren Plätzen überleben – dann blühen sie allerdings seltener und wachsen weniger schnell. Friedenslilien brauchen recht oft und viel Wasser, aber du wirst merken, wenn sie Durst haben, denn dann hängen ihre Blätter kraftlos herunter. Gieße sie in dem Fall so, dass die Erde gründlich durchtränkt ist.

Friedenslilien filtern mehr Schadstoffe aus der Luft als die meisten anderen Zimmerpflanzen: In ihren Blättern können sie häufig in der Innenraumluft vorkommende toxische Gase neutralisieren und zersetzen. Genauer gesagt beseitigen sie Ammoniak, Benzol, Kohlenstoffmonoxid, Formaldehyd und Trichlorethylen. Deshalb sind sie besonders gut geeignet für unsere Schlafzimmer oder viel benutzte Räume.

LUFTFEUCHTIGKEIT:
Gut für Pflanzen, gesund für uns

Die richtige Feuchtigkeit der Luft ist ein wichtiger Wohlfühlfaktor in unserem Zuhause – sowohl zu hohe als auch zu niedrige Luftfeuchtigkeit kann sich negativ bemerkbar machen. Kopfschmerzen, trockene Haut und Ähnliches sind nicht selten die Folge von einem schlechten Raumklima. Pflanzen erhöhen die Luftfeuchtigkeit durch Transpiration (das »Ausschwitzen« von Wasser auf der Blattoberseite) und feuchte Erde in den Töpfen und verbessern so die tendenziell eher zu trockene Luft in Innenräumen. Besonders in Herbst und Winter wird die Luft in unserem Zuhause durch laufende Heizungen noch trockener und damit ungesünder für uns – Pflanzen können da Abhilfe schaffen.

Bevor meine Pflanzen in der zweiten Etage unseres Hauses im Kölner Süden einzogen, lag die Luftfeuchtigkeit hier bei etwa fünfunddreißig Prozent – ein niedriger Wert, der bei meiner Anfälligkeit für Kopf- und Halsschmerzen alles andere als förderlich war. Bei einem Luftfeuchtigkeitsgehalt von unter vierzig Prozent kann es zu Augen-, Haut- und Schleimhautreizungen kommen. Auch schwächt die trockene Luft die Immunabwehr, wodurch vermehrt Erkältungskrankheiten auftreten können. Seitdem es bei mir zu Hause grüner ist, liegt die Luftfeuchtigkeit ohne mein Zutun immer bei etwa fünfzig Prozent, und meine körperlichen Beschwerden sind seltener geworden.

Aber nicht nur für uns, sondern auch für unsere Pflanzen sollten wir eine bestimmte Luftfeuchtigkeit im Raum halten. Wie hoch diese sein sollte, ist von Pflanze zu Pflanze unterschiedlich. Vor allem Tropenpflanzen, die in ihrer natürlichen Heimat eine Luftfeuchtigkeit von bis zu hundert Prozent gewohnt sind, erfreuen sich an feuchterer Luft.

Ganz so feucht sollte sie in unserem Zuhause allerdings nicht sein. Eine dauerhaft erhöhte Luftfeuchtigkeit von über sechzig Prozent kann zur Schimmelbildung führen. Ab einer Luftfeuchtigkeit von siebzig Prozent ist die Schimmelbildung dann sehr wahrscheinlich. Das gefährdet unsere Gesundheit, kann zu Husten, Asthma und Allergien führen. Eine Luftfeuchte von über achtzig Prozent bildet zudem eine perfekte Umgebung für die Vermehrung von Pilzen, Milben und anderen Parasiten. Wer spezielle Pflanzen zu Hause halten will, die keine Luftfeuchtigkeit unter siebzig Prozent vertragen, sollte sich also überlegen, ein geschlossenes Terrarium oder eine Vitrine anzuschaffen (siehe oben). Darin kann eine sehr hohe Luftfeuchtigkeit einfacher gehalten werden, die sich nicht negativ auf uns und unser Zuhause auswirkt. Eine relative Luftfeuchtigkeit von fünfzig Prozent und eine Raumtemperatur von zwanzig Grad Celsius werden generell als optimales Raumklima betrachtet. Dieser Durchschnittswert variiert aber je nach Nutzung und Beschaffenheit des Raumes. Im Bad oder in der Küche liegt er natürlicherweise höher, weil dort häufiger Wasser verwendet wird. In der Tabelle auf der folgenden Seite findet ihr die idealen Temperatur- und Luftfeuchtigkeitswerte nach Räumen.

Das ideale Raumklima

Raum	Optimale Temperatur	Optimale Luftfeuchtigkeit
Badezimmer	20–23 °C	50–70 %
Kinderzimmer	20–23 °C	40–60 %
Wohn- & Arbeitsräume	20–23 °C	40–60 %
Küche	18–20 °C	50–60 %
Schlafzimmer	17–20 °C	40–60 %
Flur	15–18 °C	40–60 %
Keller	10–15 °C	50–65 %

WAS MISST DIE RELATIVE LUFTFEUCHTIGKEIT?

▶▶ Die relative Luftfeuchtigkeit, die wir von Luftfeuchtigkeitsmessgeräten kennen, gibt an, wie viel Prozent des maximalen Wasserdampfgehaltes sich momentan in der Luft befinden. Luft kann nur eine gewisse Menge an Wasser aufnehmen – wie viel genau, ist stark von der Temperatur abhängig: je wärmer die Luft, desto mehr Wasserdampf. Bei einer Temperatur von null Grad Celsius kann die Luft beispielsweise eine Wasserdampfmenge von fünf Gramm pro Kubikmeter aufnehmen, bei dreißig Grad schon dreißig Gramm. Angenommen, bei euch im Zimmer wäre es dreißig Grad warm (ihr Armen), dann würde euch das Luftfeuchtigkeitsmessgerät hundert Prozent Luftfeuchtigkeit anzeigen, wenn dreißig Gramm Wasserdampf pro Kubikmeter in der Luft enthalten wären; bei achtzehn Gramm Wasserdampf wären es dementsprechend sechzig Prozent und so weiter.

WIE MESSE ICH DIE LUFTFEUCHTIGKEIT?

⇥ Sogenannte Hygrometer, also Luftfeuchtigkeitsmessgeräte, sind Teil der Standardausstattung für gute Zimmerpflanzengärtner. Im Internet gibt es sie schon ab knapp zehn Euro zu kaufen. Am besten stellt ihr in jedes eurer begrünten Zimmer ein solches Messgerät.

DIE LUFTFEUCHTIGKEIT ERHÖHEN

Zwar steigt die Luftfeuchtigkeit mit einigen Pflanzen im Zimmer schon ohne unser Zutun an, meistens müsse wir aber nachhelfen, um den Idealwert für uns und unsere Pflanzen zu erreichen.

Pflanzen gruppieren

Pflanzen geben wie bereits beschrieben Feuchtigkeit durch ihre Blätter ab – ein Prozess, der Transpiration genannt wird. Wenn wir Pflanzen in Gruppen zusammenstellen, kreieren wir in dem betreffenden Teil des Raumes so ein feuchteres Mikroklima, das unsere grünen Lieblinge mögen werden.

Tabletts mit Kieseln und Wasser

Ihr könnt eure Pflanzen auf Tabletts stellen, die mit feuchten Kieseln bedeckt sind, um die Luftfeuchtigkeit um eure Lieblinge herum anzuheben. Dazu solltet ihr das Tablett mit einer gut zwei Zentimeter dicken Kieselschicht füllen und anschließend Wasser darauf gießen, bis es bis zur Hälfte dieser Schicht reicht. Wichtig dabei zu beachten ist, dass eure Pflanzen keinesfalls mit den Wurzeln oder der Unterseite eines Topfes mit Abflussloch im Wasser stehen sollten, weil ihr sonst Gefahr lauft, dass die Wurzeln verrotten. Stellt also am besten ausschließlich Pflanzen in geschlossenen Übertöpfen auf das Tablett.

Pflanzen besprühen

Pflanzenliebhaber streiten sich gerne darüber, ob es sinnvoll ist, unsere grünen Lieblinge mit Wasser zu besprühen oder nicht. Die Gegner dieser Methode sagen, dass die Luftfeuchtigkeit auf den Blättern dadurch nur kurzfristig erhöht wird und so der Pflanze nicht viel bringt. Andere wiederum besprühen weiter täglich eifrig ihre Pflanzen. So oder so: Es schadet nicht. Ich rate euch, mindestens ein Mal täglich eure Pflanzen mit kalkfreiem Wasser zu besprühen, ausgenommen Kakteen, Sukkulenten und andere Trockenheit liebende Pflanzen. Praktische Sprüher findet ihr in jeder Gärtnerei oder im Baumarkt, schöne, trendige Exemplare in Pflanzenläden oder online.

Luftbefeuchter

Die langfristig gesehen einfachste Methode ist, sich einen Luftbefeuchter anzuschaffen. Ideal wäre ein Gerät pro Raum; weil das aber vielleicht ein bisschen viel verlangt ist, empfehle ich euch, zumindest im Schlafzimmer und dem pflanzenreichsten Raum eures Zuhauses einen Luftbefeuchter aufzustellen. Es gibt sie in ganz unterschiedlichen Preiskategorien, diversen Ausführungen und mit wenig oder vielen Extras. Worauf ihr beim Kauf unabhängig von euren Extrawünschen oder eurem Budget achten solltet, ist die Kapazität des Geräts, also wie viel Quadratmeter der Luftbefeuchter ohne Probleme befeuchten kann. Ein schwaches Gerät wird in einem großen Zimmer nicht viel leisten. Außerdem empfehle ich euch eines, das Kaltdampf anstatt Warmdampf nutzt.

Achtung: Viele Luftbefeuchter haben ein Fach für ätherische Öle, die super zur Entspannung und für das Wohlgefühl sind. Allerdings mögen viele Pflanzen diese Öle überhaupt nicht in ihrer Umgebungsluft – in manchen Fällen können sie die Blätter beschädigen oder die Pflanze abtöten. Dieses Wellnessprogramm solltet ihr also besser in pflanzenlosen Zimmern nutzen.

PFLANZENLAMPEN

Wer sich wie ich nicht mit den Lichtgegebenheiten in der Wohnung zufriedengeben will, sondern auch dunklere Ecken begrünen oder stark lichtbedürftige Pflanzen weiter weg vom Fenster stellen möchte, der wird gut daran tun, sich Pflanzenlampen zuzulegen. In den Wintermonaten können diese dabei helfen, die Tagesstunden für unsere Pflanzen und somit ih-

re Wachstumsperiode zu verlängern. Außerdem wurzeln Ableger, Stecklinge und Co. schneller, wenn sie unter Pflanzenlampen stehen.

Aber auch auf uns Menschen haben Pflanzenlampen einen positiven Einfluss. Sie imitieren das Sonnenlicht, indem sie bestimmte Wellenlängen an Licht abgeben. So wirken sie sich ähnlich wie Tageslichtlampen positiv auf unsere Stimmung aus. Besonders in den dunklen Monaten, wenn viele Menschen für Depressionen noch anfälliger sind, kann das Licht eine Unterstützung sein. Auf meinem Schreibtisch stand früher eine solche Tageslichtlampe, jetzt ist er von Pflanzenregalen umgeben und wird den ganzen Tag über von Pflanzenlampen beleuchtet, unter denen ich mich bei der Arbeit am Schreibtisch viel wacher und ausgeglichener fühle.

MEIN LEUCHTMITTEL DER WAHL: LEDS

⇢ Weil meine Wohnung in Berlin sehr dunkel war und ich meine Pflanzenregale auch noch an die Wand gegenüber der Fensterfront, also etwa sechs Meter entfernt, stellen oder hängen wollte, brauchte ich dringend künstliches Licht. Im Internet stieß ich auf Hunderte unterschiedliche Pflanzenlampen und hatte keine Ahnung, nach welchen Kriterien ich die passende aussuchen sollte. Inzwischen habe ich sechs solcher Lampen und weiß, welche für meine Bedürfnisse und die meiner grünen Babys am besten sind. Es gibt zwar stärkere Alternativen, aber all meine Pflanzenlampen bestehen aus LEDs. Diese produzieren nicht so viel Wärme und benötigen auch weniger Energie als andere Lampen, sind also für den Privatgebrauch von Zimmerpflanzenliebhabern die beste Wahl. Wer sich Sorgen um seine Stromrechnung macht, der kann sich die anfallenden Kosten pro Jahr ganz einfach mit dieser Gleichung ausrechnen:

$$(Wattzahl\ der\ Lampe \times laufende\ Stunden\ am\ Tag : 1000)$$
$$\times (Kosten\ pro\ kWh \times 365\ Tage)$$

Meine stärkste Pflanzenlampe hat sechsunddreißig Watt. Der Grundversorgungspreis einer Kilowattstunde Strom beträgt zweiunddreißig Cent (Stand 2019). Meine Pflanzenlampen laufen etwa zwölf Stunden pro Tag. Wenn ich diese Variablen einsetze, komme ich auf einen Betrag von rund 50,46 Euro, die mich diese Lampe im Jahr kostet. Meine grünen Babyss danken es mir.

➤➤ **Die Wahrheit ist:** Pflanzenlampen können niemals die Sonne ersetzen. Nichts reicht an die Kraft des riesigen, glühenden Gasballs heran, der uns das Leben auf der Erde ermöglicht. Außerdem nimmt die Lichtintensität der Lampen stark ab, je weiter sie von den Pflanzen entfernt hängen – sie müssen also relativ nah über unseren grünen Lieblingen platziert werden, um sie adäquat mit Licht versorgen zu können. Die Lichtintensität und damit die Entfernung, in der die Pflanzen unter der Lampe noch genug Licht bekommen, hängt von der Art der Lampe und ihrer Wattzahl ab (je höher die Wattzahl, desto stärker das Licht und desto weiter weg kann die Lampe positioniert werden). Bei einer LED-Pflanzenlampe ist eine Entfernung von dreißig bis sechzig Zentimeter möglich.

AIN'T NO SUNSHINE ...

Die Intensität, die bei der Pflanze ankommt, könnt ihr mit einem Lichtmessgerät testen. Seid aber darauf gefasst, für mehrere Quadratmeter gegebenenfalls auch mehrere Lampen aufhängen zu müssen.

WIE LANGE SOLLTEN PFLANZENLAMPEN AM TAG EINGESCHALTET SEIN?

➤➤ Zimmerpflanzen bekommen viel weniger Licht als solche, die draußen gehalten werden. Auch Pflanzenlampen können das nicht ganz ausgleichen. Ich lasse meine Pflanzenlampen im Sommer mindestens acht Stunden eingeschaltet, im Winter mindestens zwölf – es ginge sicherlich auch etwas länger. Ihr solltet euren grünen Lieblingen nachts aber auf jeden Fall eine Dunkelperiode von mindestens sechs Stunden gönnen. Das ist wichtig für die Gesundheit der Pflanzen.

DURCH DIE ROSAROTE BRILLE GESCHAUT

◆ Der Teil des Lichtspektrums, der für unsere Pflanzen nützlich ist, liegt in der Spanne von vierhundert bis siebenhundert Nanometer, wobei die Einheit die jeweilige Wellenlänge angibt. Licht mit diesen Wellenlängen wird »fotosynthetisch aktive Strahlung« genannt – es ist also die Art von Licht, mit dem Pflanzen Fotosynthese betreiben können. Die Spanne zwischen vierhundert und vierhundertneunzig Nanometern ist blau. Pflanzen nutzen dieses Licht vor allem in ihrer vegetativen Wachstumsphase. Die Spanne zwischen vierhundertneunzig und fünfhundertachtzig Nanometern ist grün, es wird also teilweise von den Chloroplasten in den Zellen reflektiert. Das heißt jedoch nicht, dass die Pflanzen dieses Licht nicht zur Fotosynthese nutzen können, wie oft angenommen. Zwar sind Pflanzen grün, weil sie eben mehr Licht im grünen als in jedem anderen Spektrum reflektieren. Tatsächlich sind es aber nur fünf bis zehn Prozent des grünen Lichts, das zurückgeworfen wird. Ein genauso kleiner Anteil grünes Licht fällt durch die Blätter hindurch, wird aber gegebenenfalls von den darunterliegenden Blättern aufgenommen. Ein Großteil, nämlich etwa fünfundachtzig Prozent, wird von Pflanzen trotzdem absorbiert und kann zur Fotosynthese genutzt werden. Damit ist grünes Licht für Pflanzen zwar im Vergleich zu anderen Spektren am uneffektivsten, aber keinesfalls unbrauchbar. Die Spanne zwischen fünfhundertachtzig und siebenhundert Nanometern ist orange bis rot. Licht in diesem Spektrum nutzen Pflanzen vor allem während ihrer Blütephase.

Das erklärt, warum viele Pflanzenlampen eine Kombination von rotem und blauem Licht verwenden, also pink-lila leuchten. Sie geben Licht ab, das innerhalb des Spektrums der fotosynthetisch aktiven Strahlung fällt, welche die Pflanzen zum Leben benötigen. Es gibt aber auch Vollspektrum-Pflanzenlampen, die wie Tageslichtlampen weißes Licht abgeben, weil sie das komplette für den Menschen sichtbare Spektrum abdecken. Sie wirken grundsätzlich genauso gut wie pinke Pflanzenlampen, weil sie das nützliche fotosynthetisch aktive Spektrum ebenfalls abdecken, und sind für uns Menschen auf Dauer angenehmer. Ich bin mit der Zeit von pinken auf weiße Pflanzenlampen umgestiegen – wer will schon jeden Tag wie durch eine rosarote Brille sehen?

Kapitel 8:
PFLANZEN VERMEHREN HEISST FREUDE TEILEN

Ist es nicht unglaublich, dass wir einen Teil einer Pflanze abschneiden und zu einer ganz neuen heranziehen können? Stellt euch vor, ihr könntet mir einen Arm abnehmen, und es würde mir nicht nur ein neuer wachsen, sondern aus dem Arm würde auch noch eine ganz neue, zweite Sarah entstehen! Nein, schon allein aus Gründen der Überbevölkerung ist es super, dass wir Menschen uns nicht ganz so einfach vermehren können (mal ganz abgesehen davon, dass zwei Sarah Remskys eindeutig zu viel wären). Jedoch sind die asexuellen Vermehrungsmöglichkeiten bei Pflanzen ein wahres Wunder der Natur.

Schon als kleines Kind beobachtete ich meinen Vater, wie er Teile von Pflanzen abschnitt und sie in eine mit Wasser gefüllt Vase oder gleich in einen Topf mit Erde stellte. Mein Papa, der seine Zwanziger in den Siebzigerjahren durchlebte, ist ein wahrer Althippie und liebt nicht zuletzt deshalb gute klassische Rockmusik und Zimmerpflanzen – zwei Leidenschaften, die er an mich weitervererbt hat. Grünlilien, Drachenbäume, Efeututen und Hibisken wären aus seiner Wohnung niemals wegzudenken – wahrscheinlich kann ich sie genau deshalb leider nicht mehr sehen. Trotzdem bin ich ihm unendlich dankbar für die Liebe zu Pflanzen, die er in mir gesät hat und die nach fünfundzwanzig Jahren endlich aufgekeimt ist. Ohne ihn hätte ich mich wohl nie getraut, das Blatt, das ich versehentlich von meiner geliebten ersten Dieffenbachie abgeschnitten hatte, einfach in feuchte Erde zu stecken. Als es nach gut drei Monaten ein erstes neues Blatt bekam, gab ich es an meinen Kumpel Julian aus Berlin weiter – als Abschiedsgeschenk bei meinem Umzug. Inzwischen ist daraus eine sehr schöne Jungpflanze entstanden.

Ohne meinen Papa hätte ich Ableger von anderen Pflanzen auch nie einfach in Wasser gestellt und so manches Mal verrotten lassen. »Stell's ins Wasser und warte ab«, oder »Steck's gleich in Erde« sind die Mottos, nach denen mein Vater viele Erfolge bei der Pflanzenvermehrung erzielt hat.

In den meisten Fällen klappt das gut, in anderen allerdings nicht, und bei einigen kommt es darauf an, wo genau man den Ableger von der Mutterpflanze abgeschnitten hat. Dieses Knowhow habe ich mir mit der Zeit angelesen und durch Experimente angeeignet. Auf den folgenden Seiten teile ich es mit euch und hoffe, dass ihr euch mit diesen Tipps auf so manches Pflanzenabenteuer einlassen werdet, aus dem schöne neue Pflanzen wurzeln. So könnt ihr bald eure Freunde und Familie mit Ablegern beschenken und Pflanzenliebe in die Welt tragen. Ein Ableger ist nämlich oft der perfekte Start für eine lebenslange Leidenschaft.

STECKLINGE

Besonders gut wurzeln Stecklinge, wenn sie im Frühjahr oder Frühsommer geschnitten werden, weil in dieser Zeit die neue Wachstumsperiode der Pflanzen beginnt. Außerdem bekommen sie mehr Licht als im dunklen Winter – sie haben also mehr Kraft und wachsen schneller.

Ihr solltet nur Stecklinge von einer gesunden, kräftigen Pflanze nehmen, sonst schwächt ihr sie weiter, und der Steckling wird womöglich aus Kraftmangel keine Wurzeln ziehen.

Die Stecklinge solltet ihr immer mit einem scharfen und sauberen Messer abschneiden, damit der Schnitt glatt und frei von Bakterien oder Pilzen ist. Meist ist eine Länge von zehn bis fünfzehn Zentimetern ausreichend. Am besten setzt ihr den Schnitt etwa zwei Zentimeter unter einem Blattknoten an. Das ist eine gebeulte Stelle am Stamm oder Stängel, aus der bei Philodendren und Monsteras auch die Luftwurzeln kommen. Von dort aus wird euer Steckling Wurzeln bilden.

Entfernt die unteren überzähligen Blätter des geschnittenen Stecklings vorsichtig, damit mehrere Zentimeter frei von Blättern sind. Dieser Teil des Stecklings soll später in Wasser oder Erde stehen, und dort würden die Blätter nur verfaulen. Zwei bis drei Blätter sollten übrig bleiben, damit der Steckling weiterhin Fotosynthese betreiben kann. Für mehr Blätter würde er jedoch zu viele Ressourcen verbrauchen. Schneidet deshalb auch keinen Trieb mit Blüten oder Blütenknospen ab – in diese stecken Pflanzen nämlich viel Kraft.

Lasst die Schnittstelle zunächst antrocknen, damit sie im Wasser oder in der Erde nicht fault. Das kann durchaus einige Stunden, manchmal auch bis zu einem Tag dauern. Fühlt immer mal wieder an der Schnittstelle nach, ob sie angetrocknet ist.

Nun könnt ihr den Steckling entweder in Wasser stellen oder direkt in feuchte Erde eintopfen. Die sicherere Methode ist erst mal Wasser. Die Stecklinge mancher Pflanzen werden in Erde eher faulen oder nach einiger Zeit eingehen, weil sie zu wenig Wasser aufnehmen können. Das Wasser in eurem Anzuchtgefäß solltet ihr mindestens ein Mal pro Woche auswechseln, weil frisches Wasser wieder mehr neuen Sauerstoff und Nährstoffe enthält. Außerdem ist es ratsam, ein paar Holzkohlestückchen hineinzulegen. Diese wirken antibakteriell und verhindern, dass das Wasser durch Bakterien trüb wird. Allerdings muss gesagt werden: Wurzeln werden in Wasser nie so kräftig werden wie in Erde – ich würde euch also dazu raten, den Steckling früher oder später in Erde zu setzen. Dazu sollten aber einige starke Wurzeln vorhanden sein.

TEILUNG

Manche Pflanzen kannst du ganz einfach durch Teilung vermehren, indem du sie aus ihrem Topf herausholst und den Wurzelballen entweder per Hand entwirrst oder gleich mit einem scharfen, sauberen Messer in mehrere Einzelpflanzen teilst. Diese kannst du sofort als eigenständige Pflanzen in verschiedene Gefäße topfen und sie weiterhin pflegen wie die gesamte Pflanze zuvor auch. Teilung funktioniert zum Beispiel bei Calatheen, Aglaonemas, Friedenslilien und Sansevierien.

ABLEGER

In den Töpfen bestimmter Pflanzen können plötzlich kleine Minipflanzen heranwachsen, die sich Ableger nennen, beispielsweise bei Sansevierien, Grünlilien oder Pileas. Wenn die Babypflanzen etwa ein Drittel der Größe der Mutterpflanze haben, kannst du sie in einen eigenen Topf setzen. Ihre Verbindung mit der Mutter trennst du mit einem scharfen, sauberen Messer ab. Keine Angst, es schadet ihnen nicht!

SEXUELLE VERMEHRUNG:
Das Anthurium-Experiment

Anthurien durch Samen zu vermehren ist zwar nicht die schnellste Methode, aber dafür ein aufregendes Experiment für jeden Pflanzenliebhaber. Es ist kein einfaches Projekt und klappt nicht immer beim ersten Anlauf, aber wenn eure ersten Sämlinge irgendwann das Licht der Welt erblicken, werdet ihr dafür umso stolzer sein. Das Abenteuer ist es also definitiv wert!

Vermehrungen durch Ableger und Stecklinge sind asexuelle Methoden – wir klonen unsere Pflanzen auf diese Weise und erschaffen keine Pflanzen mit eigenem Genmaterial. Eine Zucht aus Samen dagegen ist eine sexuelle Vermehrung und die Art und Weise, wie sich Pflanzen auch in der Natur hauptsächlich vermehren. Die Sämlinge tragen das Erbgut von beiden Elternteilen in sich. So werden übrigens auch Hybride, also Kreuzungen zwischen zwei Arten, gezüchtet – zum Beispiel mit einer Anthurium Clarinervium als Mutter und einer Anthurium Crystallinum als Vater. Der Name dieses Hybriden wäre dann Anthurium Clarinervium x Crystallinum.

Hybridzüchtung in vier Schritten

1. Anthuriumsamen findet man an Pflanzen in einer Gärtnerei oder bei einem Züchter, wenn ihr lieb fragt. Wollt ihr die Samen selbst heranziehen, braucht ihr mindestens zwei Anthurien. Die Blüten dieser Pflanzen durchleben zuerst die weibliche, fruchtbare Phase und danach die männliche Phase mit Pollen. Deshalb ist es schwierig, eine Anthurie mit sich selbst zu befruchten. Wenn ihr zwei Anthurien habt, von denen die eine Blüte in der weiblichen und die andere eine Blüte in der männlichen Phase hat, solltet ihr die Pollen von der männlichen Blüte mit einem kleinen Pinsel abstreichen und anschließend die weibliche Blüte damit bestreichen. Eine weibliche Blüte ist fruchtbar, wenn der für Aronstabgewächse typische Kolben beulig aussieht und eventuell ein wenig Flüssigkeit abgibt. Wenn eure Anthurien nicht gleichzeitig Blüten tragen, könnt ihr die aufgesammelten Pollen in der Zwischenzeit im Kühlschrank lagern.

2. Wenn die Blüte befruchtet wurde, dauert es sechs bis sieben Monate, bis die Samen reif sind. Der Kolben wird anschwellen und Samen tragen. Sobald sie sich sehr einfach vom Kolben ablösen lassen, sind sie reif. Die eigentlichen Samen sind von einer fleischigen Hülle umgeben, aus der ihr sie herausholen müsst. Wascht die Samen gründlich ab und lasst sie anschließend auf einem Handtuch trocknen.
3. Nehmt eine flache Schale oder einen Topfuntersetzer und füllt sie mit angefeuchtetem Perlit oder Vermiculit. Drückt die Samen leicht in das Substrat hinein und lasst dabei ein paar Zentimeter Platz zwischen ihnen. Bedeckt die Samen bitte auf keinen Fall, denn Anthurien sind Lichtkeimer. Wärme und Luftfeuchtigkeit werden das Keimen beschleunigen. Ihr könnt die Schale dazu beispielsweise mit einer Glasglocke oder Frischhaltefolie abdecken (Hauptsache transparent, damit die Samen noch Licht bekommen). Wenn es unter der Abdeckung zu feucht wird, öffnet sie für eine Weile, um Schimmelbildung zu verhindern. Zusätzlich könnt ihr die Schale auf eine Heizmatte stellen, wenn ihr eine besitzt – in dem Raum, in dem ihr die Samen heranzieht, sollte es mindestens einundzwanzig Grad Celsius warm sein.
4. Wenn die Sämlinge aufgekeimt sind, könnt ihr die Abdeckung abnehmen und die Babypflanzen in eigene Behälter pflanzen.

FREUDE TEILEN:
Die besten Geschenkpflanzen

PEPEROMIA PEPEROMIOIDES

⇶ Die Peperomia Peperomioides stammt aus den Gebirgen in den chinesischen Provinzen Yunnan und Sichuan. Ihre Blätter erinnern an runde Münzstücke. In ihrer Heimat China glaubt man deshalb, dass die kleine Pflanze für Reichtum sorgt. Es ist Brauch, eine Münze in die Erde zur Pflanze zu stecken, um so Wohlstand herbeizuführen. Das Pflänzchen wird wegen dieser Symbolik auch Chinesischer Geldbaum genannt. Neben Münzen erinnern die Blätter viele Menschen aber auch an fliegende Untertassen – darum heißt sie häufig auch Ufopflanze.

Am liebsten steht die Peperomia hell bis halbschattig, verträgt aber keine direkte Sonneneinstrahlung. Die Blätter verlieren an Farbe, wenn sie zu dunkel steht. Sie mag keine Zugluft und auch kein Besprühen – dann werden ihre Blätter fleckig. Gießen solltet ihr sie, wenn die oberste Substratschicht ausgetrocknet ist. Lasst ihre Erde niemals durchtrocknen.

Das Tollste an der Ufopflanze ist, dass sie sehr gerne und häufig kleine Ableger produziert. Diese werdet ihr plötzlich neben der Mutterpflanze im Topf entdecken. Wenn sie etwa ein Drittel ihrer Größe erreicht haben, haben sie genug eigene Wurzeln entwickelt, und ihr könnt sie von der Mutter trennen. Die kleinen Peperomias wachsen schnell heran und sind wunderbare Geschenkpflanzen für eure Lieben.

HOYA KERRII

▶▶ Die Hoya Kerrii ist die wohl süßeste Geschenkpflanze, die es gibt. Sie kommt aus den tropischen Gebieten Südostasiens. Wegen ihrer herzförmigen Blätter wird sie bei uns auch Herzblatt-Pflanze, Herzpflanze oder Kleiner Liebling genannt. An größeren Exemplaren wachsen viele dieser Herzblätter an einem harten Stängel entlang. Häufig findet man sie auch als Blattstecklinge, also als einzelnes, herzförmiges Blatt im Topf.

Genauso könnt ihr sie auch selbst vermehren und als »Herz im Topf« verschenken: Schneidet von eurer Hoya einfach ein herzförmiges Blatt ab, lasst die Schnittstelle gut antrocknen und setzt es dann in Erde. Nach etwa zwei bis drei Monaten sollten Wurzeln zu sehen sein.

Hoyas brauchen viel Licht, vertragen aber keine direkte Sonne – helles indirektes Licht ist also perfekt. Als Sukkulenten mit dicken, fleischigen Blättern mögen es die Herzpflanzen gerne, wenn ihre Erde gut austrocknet, bevor ihr sie gießt. Weniger ist mehr, lautet hier die Devise!

Kapitel 9:
EIN TREND FÜR UNSERE ZUKUNFT

In meiner Generation – die der Generation Y oder Millennials – ist ein grünes Zuhause gerade voll im Trend. Der ehemals nüchterne, cleane Look von Interior-Bloggern ist einem Boho-Schick mit Dschungelflair gewichen. In den Läden finden sich derzeit alle erdenklichen Produkte mit Monstera-Print oder in Monstera-Form – auch ich konnte an Lichterketten, Tischsets und Keramikdeko nicht so einfach vorbeigehen. In einer hippen Wohnung darf heutzutage aber auch eine lebende Monstera, ein Gummibaum oder eine Glücksfeder nicht fehlen. In jeder deutschen Großstadt eröffnen neue, coole Pflanzenläden, die neben Zimmerpflanzen, die es im Baumarkt nicht gibt, auch außergewöhnliche Pflanzen-Accessoires anbieten. Während man vor ein paar Jahren in solchen Läden vielleicht eher einen Geek erwartet hätte, gehören heute junge Großstädter zu den Kunden. Wir denken wieder grüner, wollen gesünder und nachhaltiger leben – und das spiegelt sich auch in unseren Wohnungen wider.

Dass Menschen die Natur in ihr Zuhause mitnehmen, ist natürlich nichts Neues. In der Tat reicht die Geschichte der Zimmerpflanzen Tausende Jahre zurück. Schon vor dreitausend Jahren galten bei den Chinesen Pflanzen zu Hause als Symbol des Reichtums. Auch die reichen Ägypter, Römer und Griechen hielten

Zimmerpflanzen – und zwar wie wir heutzutage auch in Terrakotta-Töpfen. Die Römer präferierten allerdings Marmor. Nach dem Fall des Römischen Reiches verschwanden Zimmerpflanzen für einige Zeit aus Europa. Erst in der Renaissance entdeckte die europäische Oberschicht Pflanzen für ihr Zuhause wieder. Im viktorianischen Zeitalter mit der Erfindung von Warmwasserheizungen hielten Zimmerpflanzen dann auch in den Häusern der Mittelschicht Einzug, aber erst nach dem Zweiten Weltkrieg wurden sie für die weitere Gesellschaft interessant. Die letzte Zimmerpflanzen-Trendwelle ereignete sich in den Siebzigerjahren – damals kultivierten zuerst Hippies, danach auch »Spießer« mit Wonne Grünlilien und Drachenbäume in ihrem Zuhause.

Ich persönlich hoffe, dass Zimmerpflanzen diesmal keine vorübergehende Trenderscheinung sein werden, sondern eine dauerhafte Veränderung hin zu lebendigeren Wohnungen und einem tatsächlich gesünderen Leben. Ich wünsche mir, auch in Jahrzehnten noch den *Urban Jungle Vibe* in Form von außergewöhnlichen Tropenpflanzen, Terrarien und vertikalen Gärten in unserem Zuhause zu spüren. Diese wunderschönen Gebilde voller Pflanzen, die im Englischen so schön *living walls*, also lebende Wände, genannt werden, sehen wir inzwischen nicht mehr nur draußen, sondern auch immer häufiger in Innenräumen von Hotels, Restaurants oder Büros. Sie sind kleine bis große Naturwunder, die zugleich Ruhe und Lebendigkeit in einen Raum bringen. Es ist mein Traum, irgendwann eine solche lebende Wand in meinem Wohnzimmer zu haben.

Aber warum erleben Zimmerpflanzen besonders unter Millennials derzeit solch einen Aufschwung?

In den USA sind Zimmerpflanzen schon seit ein paar Jahren ein Trend der Generation Y. Der National Gardening Survey fand 2016 heraus, dass fünf von sechs Millionen Menschen, die im Jahr zuvor mit dem Gärtnern angefangen hatten (und dazu zählt auch *indoor gardening*, wie das Halten von Zimmerpflanzen auf Englisch gern genannt wird), zwischen achtzehn und vierunddreißig Jahre alt und damit Millennials waren. Im Herbst 2017 schrieb die Washington Post, diese Generation würde »ihr Zuhause und die Leere in ihren Herzen mit Zimmerpflanzen füllen«. Von den Vereinigten Staaten aus schwappte die Zimmerpflanzenliebe über den Atlantik erst nach Großbritannien und breitet sich nun immer stärker auf dem europäischen Festland aus. Neben Großbritannien und Deutschland sind Zimmerpflanzen besonders in den Niederlanden, dem Pflanzenland schlechthin, sowie in Skandinavien, den Ursprungsländern der Hygge-Bewegung, ein Trend. Das kommt nicht von ungefähr.

Die Wurzeln des Wortes *hygge* reichen bis ins Altnordische zurück: *Hyggja* beschreibt das Gefühl oder den Zustand, emotional und geistig zufrieden zu sein, einen Unterschlupf gefunden zu haben, wo man sich in Sicherheit ausruhen und Kraft und Mut tanken kann. Beim Hygge-Trend geht es um mehr als das, aber die Bedeutung des Wortes macht klar, wie eng Zimmerpflanzen mit der Sehnsucht nach Wohligkeit, einem einfachen, guten Leben und einem schönen Zuhause verwoben sind – eine Sehnsucht, die viele von uns Millennials verspüren.

Meine Generation wird wegen unserer Eigenarten oft belächelt: Menschliche Interaktionen seien uns unheimlich, und überhaupt seien wir hypersensibel und faul. Fakt ist aber auch: Wir Millennials sind in einer schwierigen Zeit aufgewachsen. Um den Zeitpunkt der Finanzkrise 2008 herum sind wir erwachsen geworden und in den Arbeitsmarkt gestartet. Unsere Perspektiven waren und sind schlechter als die vorangegangener Generationen, wir haben niedrigere Gehälter, leben häufig in ständiger Unsicherheit. Der Hauskauf ist für mich wie für viele andere in meiner Generation eine Utopie. Bis wir Kinder bekommen, sind wir durchschnittlich einige Jahre älter als die Generation der

Baby Boomer, die vor uns kamen – Bildung und finanzielle Sicherheit stehen dem entgegen.

Aber auch wir Millenials sehnen uns danach, Verantwortung für etwas Lebendes zu übernehmen, es zu hegen und zu pflegen. Statt Kind (Verantwortung für immer, sehr teuer) oder einem Hund (Stress mit dem Vermieter, drei Mal pro Tag raus) legen sich immer mehr von uns Zimmerpflanzen zu. Sie sind vergleichsweise kostengünstig, kommen mit einem geringeren Pflegeaufwand aus und verschönern unser Zuhause, das wir – ja, dieses Vorurteil trifft zumindest auf mich nach wie vor sehr gut zu – in Zeiten bester Vernetzung seltener und ungern verlassen. Ein kleiner Dschungel füllt die eigenen Zimmer, in denen wir so viel Zeit verbringen, mit Leben, und die Pflege der Pflanzen ist geradezu therapeutisch. Wer Pflanzen so liebt und schätzt wie ich, wird den Vergleich mit einem Kind oder Haustier nachvollziehen können. Ich gebe den meisten meiner grünen Lieblinge einen Namen, sobald sie sich bei mir eingewöhnt haben. Ich spreche mit ihnen, streichle und küsse sie. Manch einer mag das als völlig verrückt empfinden, aber es fühlt sich für mich – und viele Pflanzeneltern – genau richtig an. Ich meine sogar, dass die Pflanzen, mit denen ich liebevoll umgehe, besser wachsen als andere. Mit diesem Gefühl bin ich nicht alleine: Schon 1848 stellte der deutsche Naturwissenschaftler und Philosoph Gustav Theodor Fechner die These auf, dass Pflanzen zu menschenähnlichen Emotionen fähig seien und Aufmerksamkeit und Pflege deshalb zu gesünderem Wachstum führen könnte.

Dass Pflanzen tatsächlich auf Geräusche reagieren, ist durch mehrere Studien belegt. Forscher aus Südkorea fanden beispielsweise heraus, dass zwei Gene in Pflanzen, die für ihre Reaktion auf Licht verantwortlich sind, besonders gut von siebzig Dezibel lauter Musik stimuliert werden. In einem Experiment der Royal Horticultural Society aus England wuchsen die Tomaten schneller, die Frauenstimmen zu hören bekamen, als die, denen Männerstimmen oder gar keine Stimmen vorgespielt wurden. Die Fernsehshow *Myth Busters* testete den Effekt von unterschiedlichen Musikgenres auf Pflanzen und fand heraus, dass sie mit Musik schneller wuchsen als ohne, aber besonders gut mit klassischer Musik und am allerbesten mit Heavy Metal (wohl ein weiterer Grund dafür, warum meine grünen Lieblinge sich bei mir so wohlfühlen).

Auch auf Berührungen reagieren Pflanzen – allerdings nicht unbedingt positiv. Forscher fanden heraus, dass unsere grünen Babys innerhalb von einer halben Stunde zehn Prozent ihres Genoms verändern, wenn sie berührt werden. Die Wissenschaftler halten das für eine Art Abwehrreaktion der Pflanzen, ähnlich unserem Immunsystem, um sich vor Gefahren zu schützen. Damit könnte Berührung, so haben es andere Forscher beschrieben, Pflanzen tatsächlich resistenter und stärker machen. Allerdings stecken Pflanzen in ihre Abwehrreaktion viel Kraft – Energie, die sie dann nicht mehr für ihr Wachstum haben. Mich wird das allerdings nicht davon abhalten, meine grünen Lieblinge weiterhin zu streicheln.

Viele der Studien zu Pflanzen und ihren Reaktionen auf Berührung, Geräusche und Aufmerksamkeit sind unter Wissenschaftlern umstritten. Weniger kontrovers sind Forschungen zu den positiven Effekten, die Pflanzen auf uns Menschen haben und die ich in diesem Buch schon aufgeführt habe. Deshalb glaube ich auch, dass der Hype um Zimmerpflanzen vor allem mit unserer Sehnsucht nach Sinn und Verantwortung zusammenhängt.

Immer mehr Menschen leben in Großstädten – häufig ohne viel Kontakt zur Natur. Wo die Mieten ins Unermessliche steigen, sind Häuser Luxus und der eigene Garten eine Rarität. Stattdessen holen wir uns das Grün in die Wohnung. Zwar ist Berlin dafür bekannt, für eine Großstadt vergleichsweise grün zu sein, aber auch ich kenne diesen sehnsuchtsvollen Wunsch nach Natur in den eigenen vier Wänden nur zu gut. Vor allem im Winter ist die Hauptstadt grau, rau und dunkel. Dann nach Hause in einen kleinen Dschungel zu kommen war Balsam für meine nicht ganz winterharte Seele. Heute fühlen sich Räume ohne Pflanzen, wie es sie leider viel zu häufig gibt, für mich oftmals tot an. Die Ansammlung von Dingen, die in ihnen steht, erscheint mir in melancholischen Momenten so bedeutungslos. In Räumen mit lebenden Pflanzen aber, die sich Tag für Tag verändern, die mit dem Lauf der Zeit und auch mit dem Leben ihrer Pflanzeneltern wachsen, fühle ich mich dagegen geborgen und, ja, auch gebraucht.

Dieser Trend geht dabei Hand in Hand mit einem immer größeren Umweltbewusstsein und damit einer wachsenden Wertschätzung der Natur, vor allem durch und in der westlichen Welt. Nachhaltigkeit und grünes Leben sind heutzutage ein großes Thema und immer mehr Teil meines Alltags. So ist es kaum verwunderlich, dass wir uns auch im eigenen Zuhause wieder naturverbundener fühlen wollen.

Ich für meinen Teil kann und will mir ein Leben ohne Pflanzen nicht mehr vorstellen. Ich hoffe, dass ich noch mit siebzig, achtzig Jahren in einem *Indoor Jungle* leben werde – auf dass meine grünen Lieblinge mich jeden Tag daran erinnern werden, was für ein Wunder das Leben ist.

NACHWORT

»Nimm dein gebrochenes Herz – mach es zu Kunst!«

CARRIE FISHER
VIA MERYL STREEP

Halte mich für zu sensibel oder melancholisch, aber: Auch zu leben ist eine Kunst. Zwar haben wir Menschen im Durchschnitt noch nie zuvor in so viel Wohlstand und mit so vielen Annehmlichkeiten gelebt. Doch gleichzeitig zerbrechen viele an dieser Gesellschaft, in der nur die Harten in den Garten kommen und Leistung das Leben bestimmt.

Dass Schätzungen zufolge dreihundertfünfzig-Millionen Menschen weltweit an Depressionen leiden, so schreibt das Bundesministerium für Gesundheit, ist meiner Meinung nach eine Folge dieser Lebensart.

Ich, als eine von ihnen, lebte jahrelang einzig für meinen Lebenslauf, und gab dafür viele Dinge auf, die mir gut taten und mich begeisterten. Ich ließ den Teil meiner Seele verkümmern, der mir, so dachte ich, nichts brachte – bis ich den Kontakt zu mir selbst verloren hatte.

Doch so wie meine Geschichte nur eine von Millionen ist, sind Depressionen vielleicht nur die Spitze des Eisbergs der Lebensmüdigkeit. Wahrscheinlich hat fast jeder von uns mindestens einmal im Leben die Nase voll von ebendem, dem Leben. Zu viele Probleme, zu viel Schmerz und Leid, zu viele Konflikte, zu viel Stress – es gibt so viele Gründe dafür, warum wir manchmal nicht mehr können. Schäme dich nicht dafür, denn es ist völlig okay. Das Wichtigste in diesen Phasen ist es, sich trotzdem nicht aufzugeben.

Ich weiß, wie lächerlich solche Worte in den dunkelsten Stunden erscheinen. Deshalb möchte ich nur noch eines dazu sagen: Lass dir helfen, denn du verdienst diese Hilfe! Egal, wer du bist, was du hast, was du kannst – es ist so schön, dass du am Leben bist!

Ich glaube fest daran, dass jeder, wirklich jeder, seine ganz eigene, kreative Art hat, sich auszudrücken. Bei mir sind es neben der Musik vor allem das Schreiben und meine Pflanzen – und deshalb haltet ihr nun dieses Buch in Händen, ein Ausdruck meiner Liebe für Pflanzen, Worte und das Leben.

Auch wenn ich hoffe, dass dir ›Aufblühen‹ in dir eine Leidenschaft zu Pflanzen ausgelöst oder sie verstärkt hat und dass dir diese wundervollen, grünen Lebewesen viel Freude und Kraft im Leben geben werden – das heißt nicht, dass sie dich unbedingt so erfüllen werden wie mich. Es muss nicht sein, dass grüne Babys deine Art und Weise sind, aufzublühen. Vielleicht ist es stattdessen etwas anderes, dass dich erfüllt und dir hilft, dich auszudrücken – Malen, Modellbahnbau oder Golfen zum Beispiel. Und vielleicht sind Pflanzen für dich einfach ein Mittel zur heimischen Wohligkeit, schönen Einrichtung oder besserer Atemluft. Das ist ganz genauso schön, denn auch das bereichert dein Leben!

Wenn du noch nicht weißt, wofür du brennst, gib nicht auf! Irgendwann, so hoffe ich ganz stark, wirst du deine Leidenschaft entdecken. Ich brauchte immerhin fünfundzwanzig Jahre, bis ich erkannte, dass Pflanzen mich glücklich machen. Deshalb: Lass die Leidenschaft und Kreativität in dir nicht verkümmern, denn sie ist Teil deiner Seele, und wenn sie verkümmert, wird es dir nicht wahrhaft gut gehen können. In unserer heutigen Gesellschaft legen wir viel zu wenig Wert auf die Dinge, die vielleicht nicht zweckerfüllend oder zielführend sind, aber unser Herz hüpfen lassen. Dabei sind diese Dinge genau das, was unser Leben lebenswert macht.

DANKSAGUNG

Dieses Buch ist für mich eine Ode an das Leben mit all seinen Wundern, deshalb gilt mein größter Dank ebendiesem. Ich hätte niemals gedacht, dass es der Anfang für etwas Größeres sein könnte, als ich mit meiner ehemaligen Kollegin Thembi kurz nach meiner Rückkehr aus der Klinik in meiner Berliner Wohnung zusammensaß, um über meine wachsende Liebe zu Pflanzen und meine Depressionen zu sprechen. Sie arbeitet für eine große Jugendnachrichtenseite und hatte meine grünen Leidenschaft und meinen Weg durch die Klinik auf Instagram verfolgt. Hätte mir damals jemand gesagt, dass der daraus entstandene Artikel solche Wellen schlagen würde, dass daraus dieses Buch entstehen würde, ich hätte ihn für einen wahnwitzigen Träumer gehalten. Aber das Leben ist manchmal der wohl wahnwitzigste unter den Träumern. Ich danke dir, Thembi, für das wunderbare Gespräch in meinem Berliner Dschungel. Du hast damit den Samen für dieses Buch gesät.

Meine wundervolle Lektorin Cindy las den aus dem Gespräch entstandenen Artikel und kontaktierte mich. Ich konnte es kaum glauben, als die E-Mail mit dem Betreff »Buchidee« in meinem Postfach ankam. Es ist so unglaublich, Cindy, dass du mich gefunden und auserlesen hast! Ich danke dir für dein Vertrauen, deinen Glauben an mich und all die Freiheit, die du mir in diesem Prozess gegeben hast. Du hast meinen Traum, Autorin zu werden, den ich seit meiner frühen Kindheit in mir getragen habe, wahr werden lassen – Worte können nicht ausdrücken, wie dankbar ich dir dafür bin.

Ohne meine großartige Lektorin Angela wäre dieses Buch nur halb so gut. Innerhalb von nur zwei Wochen polierte sie mein Geschriebenes mit so viel Liebe fürs Detail, ehrlichem Interesse für meine Geschichte und Begeisterung für Pflanzen und die Natur auf und machte daraus mit mir das Buch, das ihr in Händen haltet. Ich danke dir für deine gründliche Arbeit – bei dir, das weiß ich, kann ich mich auf jedes Wort setzen. Aber vor allem danke ich dir für den Heidenspaß, den das Lektorat dank dir gemacht hat. »Lieber so. Nicht, dass die Leser nachher die Aloe mampfen« ist nur einer deiner amüsanten Kommentare, die mir beim Redigieren begegneten. Ich hoffe wirklich, es ist nicht das letzte Mal, dass wir miteinander arbeiten dürfen.

Die Illustrationen in diesem Buch sind von der unglaublich talentierten, lieben Mira gemacht worden, die während des ganzen Prozesses im sonnigen Thailand überwinterte und wahrscheinlich am Strand saß, als sie mich und meine Pflanzen digital in Farbe tauchte. Ich danke dir für deine Geduld mit mir, als ich immer wieder realitätsgetreue Illustrationen bestimmter Blätter einforderte, mir knallige Farben oder genauere Linien wünschte. Ich war nicht einfach zufriedenzustellen, das weiß ich. Umso glücklicher bin ich über die tollen Resultate, die am Ende herausgekommen sind. Danke, Mira!

Wer mitbekommen hat, wie ein Großteil der Fotos in diesem Buch entstanden ist, der wird sie mit anderen Augen sehen: Meine beste Freundin und leidenschaftliche Hobbyfotografin Jenny musste in meinem ohnehin beengten Wohnzimmer, während des Fotografierens wirkliche Akrobatikkunststücke hinlegen, um zwischen ihrer riesigen Fotowand, Fotolampen und meinen hundert Pflanzen in diesem Zimmer nichts umzuwerfen, kein Blatt abzuknicken, sich kein Bein zu brechen und trotzdem alles im richtigen Winkel einzufangen. Jenny, was hätte ich bloß ohne dich gemacht? Ich danke dir für deine nie endende Begeisterung und Selbstlosigkeit, mit der du dieses Buch so lebendig, farbenfroh und einzigartig gemacht hast. Noch dankbarer bin ich nur dafür, dich nach Jahren endlich wieder in meinem Leben zu haben.

DANKSAGUNG

Als ich den Buchvertrag unterschrieb, war ich mir bewusst, dass der Prozess, der daraufhin folgen würde, mich in gewissem Sinne in die herausfordernde Situation zurückbringen würde, die ich mit meiner Masterarbeit durchlebt hatte: Stundenlanges Schreiben und ein riesiger Berg an Text, den ich produzieren sollte. Ich hatte panische Angst, daran erneut zu scheitern. Die Person, die verhinderte, dass es so weit kam, ist Chris. Jeden Tag aufs Neue redete er mir meine Selbstzweifel aus und motivierte mich, mich für meinen großen Traum und meine Überzeugungen hinzusetzen und zu arbeiten. Ich danke dir für deine Unnachgiebigkeit, deine Motivationsstärke und all die mentale Kraft, die du aufbrachtest, um meine Tippfinger in Gang zu setzen, wenn ich sie nicht hatte.

Wer mit einer Pflanzenliebhaberin wie mir zusammenlebt, der hat es nicht einfach. Erdkrümel hier, Wasserspritzer dort, abgefallene Blätter auf dem Boden, und ständig Pakete, in denen neue Pflanzen, Erdzutaten, Töpfe oder riesige Moosstäbe ankommen – all das gehört zu einem Leben als Mama von über hundert Pflanzen. Dieses Leben habe ich mir ausgesucht, meine Mutter, mit der ich seit meiner Rückkehr nach Köln wieder zusammen lebe, allerdings nicht. Die Pflanzen dürfen nur auf meiner eigenen, obersten Etage leben (in der leider ein wunderschöner, roter Teppichboden verlegt ist, der sich nicht über meinen Faible für Erde freut), nirgendwo anders im Haus – that's the deal. Trotzdem weiß ich, dass es viel Nervenstärke braucht, um meine Leidenschaft so zu tolerieren, wie es meine Mutter tut. Danke, Mama!

Nicht zuletzt danke ich all den wundervollen Menschen in meinem Leben, die mich durch die bislang schwierigste Phase in meinem Leben, meine Depression, begleitet haben – vor allem natürlich meiner Familie, Papa, Mama, Angi, Fritz und Luis, aber auch allen anderen, die da waren, als ich nur noch ein Schatten meiner selbst war.

AUFBLÜHEN

QUELLEN- UND LITERATURVERZEICHNIS

Alleyne, Richard (2009): Women's voices ›make plants grow faster‹, in: The Telegraph v. 22.06.2009; https://www.telegraph.co.uk/news/earth/earthnews/5602419/Womens-voices-make-plants-grow-faster-finds-Royal-Horticultural-Society.html [18.02.2020]

American Society for Horticultural Science (2008): »Flowering plants speed post-surgery recovery.« ScienceDaily. ScienceDaily, 30.12.18; www.sciencedaily.com/releases/2008/12/081229104700.htm [18.02.2020]

Carrington, Damian (2016): »One in five of World's plant species at risk of extinction«, in: The Guardian v. 10.05.2016; https://www.theguardian.com/environment/2016/may/10/one-in-five-of-worlds-plant-species-at-risk-of-extinction [18.02.2020]

Carter, Hilton (2019): *Wild at Home: How to style and care for beautiful plants.* London

Collins, Claudia C., und Angela M. O'Callaghan: »The impact of horticultural responsibility on health indicators and quality of life in assisted living.« HortTechnology 18.4 (2008): 611-618

Fechner, Gustav Theodor (1848): *Nanna oder Über das Seelenleben der Pflanzen.* Leipzig; Neuausgabe hg. von Karl-Maria Guth, Berlin 2016

Jung, Jihve et al. (2018): Beyond chemical triggers: Evidence for sound-evoked physiological reactions in plants. Front Plant Sci. 2018;9:25, 30.01.2018; https://www.ncbi.nlm.nih.gov/pmc/articles/PMC5797535/ [18.02.2020]

Kew, Royal Botanic Gardens (2016): »The state of the world's plants report–2016.« Royal Botanic Gardens; https://stateoftheworldsplants.org/2016/ [18.02.2020]

Nieuwenhuis, Marlon, et al.: »The relative benefits of green versus lean office space: Three field experiments.« Journal of Experimental Psychology: Applied 20.3 (2014): 199.

Ramanathan, Lavanya (2017): »Millennials are filling their homes – and the void in their hearts – with houseplants!«, in: Washington Post v. 07.09.2017

Van Den Berg, Agnes E., und Mariëtte H.G. Custers: »Gardening promotes neuroendocrine and affective restoration from stress.« Journal of health psychology 16.1 (2011): 3-11

Wolverton, B. C. (1988): Foliage plants for improving indoor air quality. Paper; http://ntrs.nasa.gov/archive/nasa/casi.ntrs.nasa.gov/19930073015.pdf [18.02.2020]

Xu, Yue, et al. (2019): »Mitochondrial function modulates touch signalling in Arabidopsis thaliana.« The Plant Journal 97.4 (2019): 623-645

DANKSAGUNG

Als ich den Buchvertrag unterschrieb, war ich mir bewusst, dass der Prozess, der daraufhin folgen würde, mich in gewissem Sinne in die herausfordernde Situation zurückbringen würde, die ich mit meiner Masterarbeit durchlebt hatte: Stundenlanges Schreiben und ein riesiger Berg an Text, den ich produzieren sollte. Ich hatte panische Angst, daran erneut zu scheitern. Die Person, die verhinderte, dass es so weit kam, ist Chris. Jeden Tag aufs Neue redete er mir meine Selbstzweifel aus und motivierte mich, mich für meinen großen Traum und meine Überzeugungen hinzusetzen und zu arbeiten. Ich danke dir für deine Unnachgiebigkeit, deine Motivationsstärke und all die mentale Kraft, die du aufbrachtest, um meine Tippfinger in Gang zu setzen, wenn ich sie nicht hatte.

Wer mit einer Pflanzenliebhaberin wie mir zusammenlebt, der hat es nicht einfach. Erdkrümel hier, Wasserspritzer dort, abgefallene Blätter auf dem Boden, und ständig Pakete, in denen neue Pflanzen, Erdzutaten, Töpfe oder riesige Moosstäbe ankommen – all das gehört zu einem Leben als Mama von über hundert Pflanzen. Dieses Leben habe ich mir ausgesucht, meine Mutter, mit der ich seit meiner Rückkehr nach Köln wieder zusammen lebe, allerdings nicht. Die Pflanzen dürfen nur auf meiner eigenen, obersten Etage leben (in der leider ein wunderschöner, roter Teppichboden verlegt ist, der sich nicht über meinen Faible für Erde freut), nirgendwo anders im Haus – that's the deal. Trotzdem weiß ich, dass es viel Nervenstärke braucht, um meine Leidenschaft so zu tolerieren, wie es meine Mutter tut. Danke, Mama!

Nicht zuletzt danke ich all den wundervollen Menschen in meinem Leben, die mich durch die bislang schwierigste Phase in meinem Leben, meine Depression, begleitet haben – vor allem natürlich meiner Familie, Papa, Mama, Angi, Fritz und Luis, aber auch allen anderen, die da waren, als ich nur noch ein Schatten meiner selbst war.

QUELLEN- UND LITERATURVERZEICHNIS

Alleyne, Richard (2009): Women's voices ›make plants grow faster‹, in: The Telegraph v. 22.06.2009; https://www.telegraph.co.uk/news/earth/earthnews/5602419/Womens-voices-make-plants-grow-faster-finds-Royal-Horticultural-Society.html [18.02.2020]

American Society for Horticultural Science (2008): »Flowering plants speed postsurgery recovery.« ScienceDaily. ScienceDaily, 30.12.18; www.sciencedaily.com/releases/2008/12/081229104700.htm [18.02.2020]

Carrington, Damian (2016): »One in five of World's plant species at risk of extinction«, in: The Guardian v. 10.05.2016; https://www.theguardian.com/environment/2016/may/10/one-in-five-of-worlds-plant-species-at-risk-of-extinction [18.02.2020]

Carter, Hilton (2019): *Wild at Home: How to style and care for beautiful plants*. London

Collins, Claudia C., und Angela M. O'Callaghan: »The impact of horticultural responsibility on health indicators and quality of life in assisted living.« HortTechnology 18.4 (2008): 611-618

Fechner, Gustav Theodor (1848): *Nanna oder Über das Seelenleben der Pflanzen*. Leipzig; Neuausgabe hg. von Karl-Maria Guth, Berlin 2016

Jung, Jihve et al. (2018): Beyond chemical triggers: Evidence for sound-evoked physiological reactions in plants. Front Plant Sci. 2018;9:25, 30.01.2018; https://www.ncbi.nlm.nih.gov/pmc/articles/PMC5797535/ [18.02.2020]

Kew, Royal Botanic Gardens(2016): »The state of the world's plants report–2016.« Royal Botanic Gardens; https://stateoftheworldsplants.org/2016/ [18.02.2020]

Nieuwenhuis, Marlon, et al.: »The relative benefits of green versus lean office space: Three field experiments.« Journal of Experimental Psychology: Applied 20.3 (2014): 199.

Ramanathan, Lavanya (2017): »Millennials are filling their homes – and the void in their hearts – with houseplants!«, in: Washington Post v. 07.09.2017

Van Den Berg, Agnes E., und Mariëtte H.G. Custers: »Gardening promotes neuroendocrine and affective restoration from stress.« Journal of health psychology 16.1 (2011): 3-11

Wolverton, B. C. (1988): Foliage plants for improving indoor air quality. Paper; http://ntrs.nasa.gov/archive/nasa/casi.ntrs.nasa.gov/19930073015.pdf [18.02.2020]

Xu, Yue, et al. (2019): »Mitochondrial function modulates touch signalling in Arabidopsis thaliana.« The Plant Journal 97.4 (2019): 623-645